平松洋子
姜尚美

遺したい味

わたしの東京、わたしの京都

淡交社

写真　キッチンミノル［東京］
佐伯慎亮［京都］

デザイン　有山達也
岩渕恵子
中本ちはる（アリヤマデザインストア）

東京に暮らす平松洋子さんと京都に暮らす姜尚美さんが、
自分のまちの「遺したい味」を教え合う、往復書簡を始めました。

目次

二〇一九年

二〇二〇年

「坊や、おとなになったらまたおいで」。夏の昼下がり、お店でこんな言葉を聞きました。

神田まつや（東京・神田）

新たな年が始まりました。平成という一時代の締めくくりを目前に控え、歴史の節目に立ち合う緊張感も覚えます。そのさなか、「いま遺したい　伝えたい味」について姜さんと語り合う機会を得たこと、とてもうれしく思っています。

長らく東京に住まう者として、まっ先に思い浮かべたのがそばでした。そばは、大上段に構えたところのない親身な食べ物です。「ちょっとそばでも」、この庶民的な気配が身上ですし、日本人に愛されてきた由縁だと思うのです。正面切って攻めてこない食べ物っていいですよね。ときには逃げ場になってくれたりもする。そば屋の暖簾を見かけると、ただそれだけで安心させられます。

うどんも、もちろん大好きなのです（最近はこしが強いうどんが主流ですが、個人的にはうどんはやわらかめが好みです)。そもそもうどんの歴史はそばより古く、室町時代には現在とおなじ製法が確立していたといわれますし、江戸初期、諸国の街道筋の茶屋で売られていた麺類はうどんが主役でした。時代が下るにつれ両者の関係は逆転、江戸市中で麺類の店というとそば屋を指し、江戸後期には〈江戸はそば　上方はうどん〉という構図ができていました。なぜ東、とりわけ江戸ではそばが好まれたか。そばの産地などさまざまな要因が考えられますが、私は、醤油やだしとの関係にも注目したいのです。色も味も濃く、醤油の辛み勝ちの東のつゆには、小麦粉よりそば粉の風味、あるいは太い麺より細いほうがしっくり馴染む。つまり、つゆとの一体感を求めるうえで、うどんよりそばが好まれたのだと推察しています。

　さて、東のそばを語るなら、やはり神田《かんだ》須田町「神田まつや」を忘れるわけにはいきません。東京のそばの歴史を体現する老舗であり、かといって気取ったところがまるでない。土地柄が醸す空気も体感していただきたくて、じつのところ、私は友人知人を東京に案内するとき、「神田まつや」にお連れすることにしています。石臼で挽いた挽きぐるみのそば粉、手打ち、ゆでたて。濃いめのつゆとつけ汁はかつて神田が職人の町としてにぎわっていたころの名残、つまり、身体を動かして働くひとの味です。

　創業明治十七年、関東大震災以後は小高《こだか》家代々が継ぎ、五代目の小高登志さんは「神田藪《やぶ》そば」「上野蓮玉庵《れんぎょくあん》」「神田錦町　更科《さらしな》」の先代に教えを請うてそば打ちに邁進され、現在の味を

完成させました。私が初めて暖簾をくぐったのは四十年近く前ですが、帳場にいらっしゃる五代目の姿をお見かけするたび、渋い色合わせの着物姿に神田の旦那衆の美意識を感じ取ったものでした。いま六代目をあずかる小高孝之さんは登志さんのご子息で、白い上っ張りに身を包んで厨房の指揮を執っていらっしゃいます。「味はひとなり」という言葉がありますが、「神田まつや」の味はひとを語り、と同時にまちや土地を物語っている。折りおりにそばを手繰《たぐ》り、味わいながら、私は、ひと、まち、土地にも触れてきたと思っています。いつ訪れても客足が途切れない繁盛ぶりは、この店が土地の財産として広く大切にされている証しです。

　この界隈は、戦火を逃れて昔ながらの風情が残ったところで、かつて連雀町という名前で呼ばれていました。「神田まつや」は地面に根が生えたような昭和の仕《し》舞《も》た屋で、東京都の歴史的建造物に選定されています。暖簾を払って引き戸をからり、いつもの清々しい空気が広がっている。飴色の光沢を放つ木の長卓と椅子が整然と並ぶ、のびのびとした入《い》れ込《こ》みの店内。右奥、ガラスの間仕切りの向こうで、職人がそば打ちに精を出しています。壁に掛かった年代ものの大きな木のこね鉢、これまた年季の入った柱時計。自然光と間接照明が混じり合う店内をお運びの女性たちがてきぱきとした様子で行き交う――全員が映画の登場人物に見えてきて、「神田まつや」ならではの様式美を感じます。それでいて、いいお湯に浸かっているようななごみの情景です。

先に「入れ込み」と書きましたが、お客が肩を並べて相席をするのもこの店らしさのひとつです。ある夏、こんなことがありました。昼下がり、麻の開襟シャツをはおったごま塩頭のおじいさんが孫を連れて入ってきた。おじいさんが注文したそば前は焼き海苔、板わさ、にしん棒煮。小学一年生くらいの男の子には焼き鳥。ぴんときました。孫の世話にかこつけて昼酒を愉しみに来たのでしょう。小さな手でおじいさんにビールを注いであげる光景がなんとも微笑ましい。向かいに座っている私の隣、五十代のサラリーマン氏が熱いカレー南ばんをふうふう吹きながら声を掛けました。

「坊や、おとなになったらまたおいで。お酒飲んでから食べるそばはうまいんだぞう。おじさんはいま仕事中だから我慢してるけどな」

こくんと肯いた横顔の可愛かったこと。おじいさん、にやり。こんな親身な出来事が「神田まつや」では珍しくありません。

品書きには庶民的なそばが並びます。きつね、たぬき、花巻、玉子とじ、月見、かき玉、納豆、かしわ南ばん、カレー南ばん、親子南ばん等々。天ぷらそばは、天とじ、天もり。丼ものは天丼、親子丼、カレー丼、玉子丼。うどんやひやむぎもちゃんとある。満席六十、てんでんばらばらの注文を見事にさばき、スイッと供する手際のよさにも惚れぼれします。

こんなに長く通っているのにいつも注文を決めかね、自分でも滑稽なほど悩むのです。海苔

を散らした好物の花巻そばと決めていたのに、ぐらぐら揺れてしまう。かねがね不思議に思っていたところ、このたび六代目の孝之さんとお話しし、腑に落ちた気がしました。孝之さんはおっしゃいます。

「だしを味わうためのそばだと思うのです。そばのおいしさに汁が合っていないそばがあるし、その逆もあります。結局はバランスだと思っています。一杯のバランスが、食い味がいいかどうかを決めるのだと」

目が覚める言葉でした。かつて機械打ちをしていた時期もあったけれど、昭和三十八年から今日まですべて手打ち。これも、つゆとの調和を慮《おもんぱか》ってのことでしょう。そば一種類とっても、輪郭のはっきりとしたバランスのうえに成立しているから、迷いに迷ってしまうのだと勝手に納得したしだいです。

締めくくりにつゆやつけ汁にそば湯を加えて味

わっていただきたい、と六代目。

「そば湯を足すと、ぎゅっと閉じ込めたものが、ふわっと開くんですよね」

食べ終えたところで、新たにふわりと花咲くだしの香り、返しのうまみ。しかも、そば湯によって開花するところに、そばという食べ物の奥行きが表れています。

月見そば（8頁）がまた素敵なんです。とろりと広がる卵の黄身とつゆの相性がたまりません。月見そばの注文が入ったとき、内々で「十五夜」と言うことがあります、と孝之さんに教わりました。そばをめぐる多様な表現や符牒《ふちょう》も日本の言葉の豊かさにつながっていますね。私たちは、そばを味わいながら日本の文化そのものを食べているのかもしれません。

いずれぜひ、「神田まつや」のお客になりにいらしてください。姜さんをご案内するときを心待ちにしつつ、第一信の筆を措《お》きます。寒さの募る日々、くれぐれもご自愛くださいませ。

――二〇一九年一月　東京「神田まつや」にて

H

冬の京都の「食べるカイロ」をご存じですか？

上七軒ふた葉（京都・上七軒）

お手紙ありがとうございました。平松さんが、「神田まつや」の映画のような情景と食い味のいいそばに心からリスペクトを寄せておられる様子が、行間からしみじみと伝わってきました。きっと、訪れる人すべてに「自分はこのまちの一員だ」と感じさせてくれるお店なのでしょうね。読んでいる私までいいお湯に浸かっているようになごみました。

〈江戸はそば　上方はうどん〉という構図になった麺の歴史にも触れてくださっていた通り、京都において「大上段に構えたところのない親身な」「正面切って攻めてこない」「ときには逃げ場になってくれたりもする」東京のそばに匹敵するものを挙げるなら、満場一致でうどんになると思います。

平松さんは、やわらかめのうどんがお好みなのですね。私も京都の丸くて細い、やわらかいうどんが大好きです。だしを吸ったやわやわの麺が、とろけるように喉元を過ぎていくところが食べどころだと思っています。家庭で食べる際はあらかじめゆでてあるゆで麺を買ってきて、さらによくゆでて使います。麺を温める意味もありますが、表面がふわふわモヤモヤとするまでゆで切らないとだしをうまく吸ってくれないのです。うどん屋さんでも製麺所からゆで麺を仕入れるところが多く、店によってはこの二度目のゆで作業を「こしを殺す」というようです。あるうどん屋さんのご主人は、「コップの水で麺を洗って、麺にだしの味が残ってたら、それが京うどん」とおっしゃっていました。

　実を言うと、私は二十代半ばまでこの京都のうどんが好きではありませんでした。子どもの頃、風邪をひくと決まって「消化がいいから」と母があんかけうどんをしてくれるのですが、あんの重みでぷつぷつ切れて食べにくいことこの上ない、おかゆみたいにふやけた麺を食べながら、「このうどんは本物ではない」と思っていました。食の思春期だったのですね。

　転機は、社会人になった直後、生まれて初めて二日酔いというものになった時に訪れました。当時、京都の小さな出版社に勤めていたのですが、未曾有の頭痛と胃のむかむかで、仕事どころかデスクの前に座っているのが精一杯。あまりのつらさに私はバッグから薬を取り出す、のではなく、なぜかうどん屋さんにあんかけうどんの出前を頼んでいました。片栗粉でぽてっとまとめただしとふやけた麺をどうにかこうにか口に運ぶと、体がてきめんに回復してい

カレーなんば 七〇〇
にゅうめん 七〇〇
しっぽく 七〇〇
肉うどん 七〇〇
鳥なんば 七〇〇
天ぷらうどん 七〇〇
たぬき 七〇〇
玉子とじ 六〇〇
あんかけ 六〇〇
きつね 六〇〇
生そば 四八〇
うどん 四八〇
なべやきうどん 九五〇
にしんそば 八五〇
吸物付 かつ丼 九五〇
吸物付 天とじ丼 九〇〇
吸物付 他人丼 九〇〇
吸物付 カレー肉丼 九〇〇
吸物付 肉丼 九〇〇
吸物付 木ノ葉丼 八五〇
吸物付 天ぷら丼 八五〇
吸物付 衣笠丼 八五〇
吸物付 親子丼 八五〇
吸物付 きつね丼 七八〇
吸物付 玉子丼 七八〇
ライス 三八〇
ジュース 二〇〇
コカ・コーラ 二〇〇
清酒特級 五五〇
ビール中 五五〇
飲みもの
中華そば 七〇〇
天ぷら うどん そば 七〇〇
冷しそうめん 七五〇
ざるそば 七五〇
ざるうどん 七五〇
冷しそば 七五〇
冷しうどん 七五〇
ひやし きつねうどん

17 — 上七軒ふた葉

くのがわかりました。すると、撮影から帰ってきたカメラマンさんが、あんかけを食べる私を見るなり、「おっ、二日酔いか？」と言ったのです。その時、「ああ、このうどんには理由があるんだ。みんなそれを知ってるんだ」と悟りました。空腹はもちろん、体の不調をも癒やす「駆け込み寺」としての京都のうどんを認識した瞬間でした。

それ以来、京都らしいうどん屋さんに好んで入るようになりました。表立って「京うどん」などと書かれているわけではないので一概には言えないのですが、看板や暖簾に「うどん　そば」「麺類・寿司」「麺丼」と連名で書いてあったり、町屋風の店先に「にしんそば」の提灯や張り紙があったり、換気扇から甘みがかったような淡口《うすくち》醤油とかつおの香りが漂ってきたりすると、大体が京都のやわやわ麺を使うどん屋さんです。そのほとんどがそば屋か寿司屋か定食屋を兼ねていて、通しで営業しているので、お昼を食べそびれた時に暖簾を見つけると、心底「助かった」と思います。

今回は、その中から私が「これぞ京都のうどん屋さん」と感じる一軒を平松さんにご紹介します。京都で最も古い花街である上七軒《かみしちけん》に店を構える、「上七軒ふた葉」です。

店は昭和四年に創業され、現在は三代目の中島秀行さんとご家族で営んでおられます。その昔、京都の下鴨に「二葉《ふたば》」といううどん屋さんがあり、昭和初期に五人のお弟子さんが独立して京都の五花街（上七軒、祇園甲部、祇園東、宮川町、先斗町《ぽんとちょう》）に一人一軒ずつ「二葉」という店を構えました。上七軒ふた葉は、そのうちの一軒です。

なぜ五花街それぞれに暖簾分けするという流れになったのか、中島さんもご存じないそうですが、上七軒ふた葉の初代と二代目が切り盛りしていた頃は、お座敷に出る前に出前で食事を済ませる舞妓さんや、花街で遊んだ後、酔い覚ましのお茶漬け代わりに汁気を求めてやって来る旦那衆がいたため、朝十一時から夜中二時まで営業していたといいます。きっと花街においても、うどんは「駆け込み寺」だったのでしょう。

ここでは、店奥の壁にずらりと並んだ品書きの札を見ながら、あれこれ迷うのが楽しみのひとつです。「うどん」「きつね」「あんかけ」「玉子とじ」「たぬき」「しっぽく」「のっぺい」といった品書きの並びは、まさに典型的な京都のうどん屋さんのそれです。「うどん」はすうどん（かけうどん）、「たぬき」はきつねのあんかけ、「しっぽく」はかやくうどん、「のっぺい」はしっぽくのあんかけです。「うどん」は、丼物と一緒に頼む人が多いので、上七軒ふた葉ではうつわが小ぶりになっています。京都の人にとって、うどんは麺類でもあり汁物でもあるという、何よりの証しです。

豪華な具が並んだ「しっぽく」や賀茂ねぎのぶつ切りを煮込んだ冬限定の「ねぎうどん」など、おすすめがたくさんありますが、ここはやはり、あんかけで。平松さんが月見そばを選ばれていたので、同じく卵を使った「けいらん」（17頁）を選びました。あんかけの卵とじうどん

上七軒育ちの三代目・中島秀行さん。うどんを扱う手に愛情を感じます。

です。つややかなあんに雲のごとく棚びく溶き卵、盛り塩のようにおろし生姜が置かれたさまは京都の絶景のひとつに数えたい眺めです。このまちでは、「風邪ひいたらけいらん食べてすぐ寝る」がお約束。底冷えする冬の日も、これを食べれば汗ばむほどにぬくもるので、私は「食べるカイロ」と呼んでいます。中島さんは、夏に一味《いちみ》をいっぱいかけて、汗をかきかき食べるのもお好きだそうです。

　私はこの店のだしの味が好みです。自分の家のだしと似ていながら、家では決して出せない味なのです。中島さんによれば、「たっぷりのかつおと昆布で、さっとだしを取るのがこつ」だそうです。この店のうどんには珍しくれんげが添えられているのですが（舞妓さんがうつわから直にだしを飲むのをいやがられるので添えているそうです）、深々としたうつわに惜しみなく注がれただしをれんげですするたび、体に滋養がたくわえられていくような安らぎを覚えます。

　店内にはテレビや週刊誌もあり、昼時にはおばあさんの一人客から家族連れ、工事現場の方から観光客まで、さまざまなお客さんでにぎわう、まちの気さくな食堂的存在です。その一方で、舞妓さんがデビューする際にお披露目として配る「さし紙《がみ》」という名札が入り口に飾られていたり、夏になると贔屓《ひいき》の店に配られる舞妓さんの名入りうちわが小上がりの欄間に並ぶなど、花街特有の華やかさもあります。中島さんのお姉さんがこまめに生けかえる、テーブル席の季節の生花も清楚です。京都の日常と非日常を両方味わってもらえる気がして、よそから来られた方にもよくおすすめしています。

縄暖簾の向こうには、年季の入ったれんが製のかまどでうどんをゆでる中島さんの姿が透けて見えます。今はガス火ですが、三十五年ほど前までは薪で火を起こしていたそうです。「もう修理できる職人さんもおられないらしいですけど、このかまどは大事に使いたいと思てます。道具が変わると味も変わってしまいそうで」とおっしゃっていたのが印象的でした。二代目が拾い枝で手作りされたという麺の湯切りかごの取手が、いかにも使いやすいという感じでゆで釜の端にかかっていました。

遺る味とは、変わらない味ではないでしょうか。私は、そのまちに暮らす人が、「そうそう、これこれ」と言い合える味が遺っていってほしいと思います。

ぜひとも寒いうちに京都へお越しください。平松さんに「食べるカイロ」の効能を実感していただける日を心待ちにしております。

――二〇一九年二月　京都「上七軒ふた葉」にて

店頭でくるり、ひょいっ。
三代目当主がみずから実演を手掛けます。
手品のように返しながら、煎餅に息を吹き込んでゆく。

たぬき煎餅 本店（東京・麻布十番）

山笑う。木の芽が育つころになると、この言葉が脳裏に浮かびます。言い得て妙、そして自然の息吹を感じて愉快になります。

まちもまた生き物ですね。昨今の東京では、長年馴染んだ建物や家屋、お店が急に消えることしばしば、そのたびに動揺してしまいます。もちろんまちも歳月とともに進化してゆくのでしょうが、突然の変貌には、置いてきぼりにされたような寂しさを覚えるのも正直なところ。とはいえ、まちぐるみで守る土地と味もあります。そのひとつが港区麻布十番、麻布十番商店街のまんなかで愛される老舗「たぬき煎餅」。ここの煎餅は私の大好物でもあります。

麻布十番と聞くと、都会っぽいとり澄ましたまちだと思われるかもしれません。じっさい六本木は目と鼻の先だし、近隣に大使館は十いくつあり、インターナショナルなイメージは強い。でも、そればかりではないんですよ。麻布十番商店街には電気屋、花屋、眼鏡屋、文房具屋、八百屋、金物屋、靴屋、薬局、洋品店……どこか昭和の空気を漂わせながら新旧併せて約三百六十店舗が軒を連ねていますし、節分パレード、夏の納涼祭り、秋祭りには山車《だし》や子供神輿《みこし》……地元の方々が〝暮らすまち〟なのです。そもそも「十番」の名前は、江戸期、幕府が都市計画の一環としておこなった古川の改修工事にちなみ、この界隈が下流から十番目の工区に当たっていたことから。「麻布」は、麻の織物がつくられていたからです。歴史のある寺社も点在しています。以前は交通の便が悪かったので「陸の孤島」と呼ばれていましたが、二〇〇〇年に南北線と大江戸線の地下鉄が開通して麻布十番駅ができ、三年後には六本木ヒルズがオープンして、がぜん騒がしくなりました。とはいえ、観光客気分で訪れても、どこかなつかしくて親身なまちです。私はといえば、懇意の骨董屋に寄りに来ていましたが、その店はなくなってしまいました。それでも、四十年近く前に担々麺を初めて食べた中国料理「登龍《とうりゅう》」、シベリアやコッペパンがずらりと並ぶパン屋「サンモリッツ名花堂」、もと魚屋で、魚の定食がおいしい「魚可津《うおかつ》」、昭和の大ヒット曲「およげ！たいやきくん」のモデルとしても知られる鯛焼き「浪花家総本店」など、往年の味は健在です。もちろん「たぬき煎餅」も。

父から娘へ引き継がれる煎餅の味。

お店に入ったら、びっくりなさると思います。ぎっしりと煎餅が並ぶ圧巻の光景、しかもそのほとんどに「たぬき」の名前がついている。看板商品の醬油煎餅は、「古狸」（硬め）、「大狸」（やわらかめ）、「小狸」（軽焼き）、そのほか青のり狸、ざらめ狸、ごま狸、エビ狸、豆狸、青森の天間産のにんにくを使う天間狸、黒こしょう風味は元気狸、チーズをはさんだたぬ吉……目移りして困ります。次はなにを、と後ろ髪を引かれるし、自分の好みを見つける楽しみがある。思うツボといいますか。

　煎餅という食べ物はとても家庭的ですが、意外にひとそれぞれの細かい好みがあるようです。それもそうですよね、硬さの塩梅《あんばい》、醬油の風味、生地の厚さ薄さ、きめ細かさ……いろんな要素の集合体。逆にかんがえれば、多くの人に支持される煎餅をつくるのはなかなかむずかしい。ところが、「たぬき煎餅」に寄るたびに驚くのは、朝からお客さんが引きも切らず。スーツ姿の男性が進物用に求める姿もよく見かけ、人気のその先、信用の高さを物語っていると実感します。私にとっても、何十年にわたって「やっぱりいい味だなあ」と思い、飽きることがない信頼の味。芳《かぐわ》しいお米の風味、歯切れのよさ、醬油の香ばしさ、惹きつけ続けるってすごいことです。

　昼下がりの店頭をお目に掛けたいものです。平日の正午から三時間ほど、通りからガラス越しに見える一隅で手焼きの実演がおこなわれるのですが、めくるめく視覚体験！　目にも止まらぬ速さで網の上の生地を返し、熱を浴びてぷくっとふくれたら、すばやく重しを当て、平たくのし、またくるっと裏返す……あるとき数えてみたら、一枚の直焼きの煎餅を焼くのに三十一回、くるり、くるり返しながら、息を吹き込むのです。一枚ずつ、焼き色も編み目模様も表情豊か。焼き上がったたぬきを金箸でひょいとはさんで籠に飛ばし入れる瞬間など、「ヨッ名人芸」と声を掛けたくなる。

　この実演をなさっている方が三代目当主だと初めて知ったとき、えっ⁉と、びっくりしました。引き継いだ手焼きの技を当主自身が身につけ、隠しだてなく披露している。おいそれとできることではありません。「たぬき煎餅」は本物だなと感じ入りました。

　あるとき、お店に一冊の本が置いてあるのを見つけ、購入できるというのでさっそく手に取りました。『他を抜く！　老舗の意地っ張り商い道』（家の光協会）。著者は日永清、「たぬき煎餅」二代目の取締役会長です。さっそく一読、「たぬき煎餅」と日永家の篤実な歩みに魅せられ、すべてが腑に落ちました。一冊に綴られた紆余曲折をここに記す紙幅はありませんが、私が感じ入ったのは、昭和三年、初代圓蔵が浅草柳橋で煎餅屋を興し、さんざん試行錯誤を重ねて独自の味に近づけていった、執念にも似た創意工夫のみなもとです。舌の肥えた柳橋の芸者さんたちに〝出来損ない〟の「こわれ」を食べてもらい、しだいに認められて昭和十年に宮内省御用達となり、界隈の料亭に納めるようになったこと、信用を第一として米や醬油の品質を頑固

暖簾や包装紙などにも狸の絵。
「他を抜く」狸は店の守り神です。

に落とさなかったこと、初代の口癖は「自分がだまされても、人はだますな」「商売は、人の道なんだ」、戦争で焼け出されて一切を失ったこと、十年におよぶ滋賀での疎開生活ののち、戦火を逃れた麻布の土地でふたたび開業したこと……それらの苦労を、むしろ商いの恃《たの》みになさってきたことに心を動かされます。意表を突く「たぬき」の名前は、「他を抜く」に掛けた言葉でした。

　現在三代目を引き継ぐ日永治樹さんは、二代目の父が店頭で煎餅を焼く隣に座って手焼きを習得していったとおっしゃいます。十代のころは家業に反発をおぼえたこともあったけれど、大学卒業後、新宿の老舗「花園万頭」で修業したのち、家業に入ったのは二十六歳のとき。覚悟を決めて父の隣に座って三、四年経ったころ、「あ、いいのが焼けるようになったかな」。

　日永さんは温厚な口ぶりで振り返ります。

「うちの菓子盆に煎餅がのっていることはありませんでした。子供のころ、おなかが空いたから、と煎餅に手を伸ばしたこともなかった。私にとって、煎餅はおやつじゃなくて商品なんですよね」

祖父、圓蔵から父、清へ。苦労を重ねた味が、ここ麻布十番で花を咲かせ続けています。午前九時開店の前、店に祀られたたぬきに従業員一同が手を合わせて拝むのは長年のならい。先代からの教えを守ると同時に、人智を超えたものに感謝する気持ちを感じます。

　日永さんにお話を伺った日、ほの温かい焼きたてを初めていただきました。噛むと、ふわっとやわらかいのに、しっかりとした歯ごたえの不思議な味覚体験。「箸が七割、押しが三割」だそうです。箸でしきりに表裏を返しながら火を均一に通すのが大切です、と日永さん。これだ！と思える煎餅が焼けるとうれしいんですよね、とほころばせた表情が忘れられません。その隣には、父の焼いた煎餅にハケで醤油を塗る長女、まどかさんの姿がありました。

　麻布十番商店街では、春四月、恒例の花まつりを地元のみなさんが楽しみに待っていらっしゃいます。

——二〇一九年三月　東京「たぬき煎餅 本店」にて

ついさっき、野山で摘んできたような。
桜葉ひしめく箱の中に、市中の山居がありました。

鶴屋寿（京都・嵐山）

麻布十番の「たぬき煎餅」、是非とも行ってみたくなりました。硬めの煎餅が「古狸」で、黒こしょう風味が「元気狸」とは、ネーミングセンスも抜群ですね。三代にわたって篤実な商いを貫く一方、ユーモアを忘れないところがあか抜けているなと思います。麻布十番が、昭和の下町的要素を多く残すまちであることも意外でした。

実は、今回ご紹介する「鶴屋寿《つるやことぶき》」がある京都の嵐山にも、世間のイメージとは異なる別の顔があります。昔から修学旅行の定番スポット、関西のことばでいう「ベタな」観光地として知られる嵐山ですが、京都に生まれ育った私にとっては、夏に大堰川《おおいがわ》で水遊びをする場所であり、岩田山のお猿さんの群れを見に行く定番の遠足先であり、東映や松竹の撮影所が近いため時代劇のロケにたびたび遭遇できる、子ども心にわくわくする場所でした。家のアルバムには渡月橋《とげつきょう》のたもとで父と共に水泳パンツ一丁で水浴びする幼い頃の私の写真が残っています。国内外の観光客でごった返す今では考えられない光景ですが、嵐山は長らく、京都市内に住む人たちの近場のリゾート地だったのです。

　鶴屋寿は、その渡月橋から少し離れた場所にある家族経営の和菓子屋さんです。名物は「嵐山さ久《く》ら餅」（32頁）という桜餅です。桜餅といえば、東京では、小麦粉製の薄皮でこしあんを半月状に包み、三枚の桜葉で挟んだ長命寺のものが有名ですね。一方、関西では、こしあん入りの道明寺のおまんじゅうを一枚葉でくるんだものが主流です。

　桜餅の起源にはいろいろな言い伝えがあり、長命寺の桜餅が生まれる百年ほど前、京都の伏見にあった菓子店の見本帳の「蒸し物」の欄に「桜糖」という菓名が載っていたため、それが現存する記録の中で最も古い桜餅の記述であるとする話もあります。

　この店の桜餅を知ったのは、二十年ほど前です。京都駅ビルの開業とともに開店したジェイアール京都伊勢丹を見物していた時に遭遇しました。ものがひしめくデパ地下にあって、ついさっき、野山で摘んできたような木の葉を詰めた見本箱が並ぶ鶴屋寿の、静かなショーケースに目が留まりました。よくよく見ると、桜餅でした。関西では珍しく二枚の桜葉で包んであるおかげでしょう、生菓子なのに四日もつ、という店員さんの言葉にも惹かれました。家の作り置きのおかずのようなその賞味期限に何か自然体で好ましいものを感じ、その場で自宅用に

買って帰りました。

家に帰ってふたを開けた瞬間、桜葉の香りに思わず声をあげました。個包装などせず、まさに野にあるように、見本通りに入っていたのです。上の葉をめくると、小ぶりの道明寺のおまんじゅう。真っ白の道明寺越しにあんこの色が透けて見えます。ああ、餅から透けて見えるあんこの色を桜の色に見立てているんだ、と合点しました。そのまま一口で頬張ると、咲きたての桜からしたたる朝露を飲んでいるようなすがすがしさを覚えました。箱の中に、市中の山居がありました。

後日、ある取材で嵐山に行った時のことです。渡月橋の混雑から逃れようと住宅街の方へ歩いていくと一軒の和菓子店を見つけました。観光地にある店にしてはひなびた佇まいでした。そこが鶴屋寿の本店だったのです。ホームページを見ると、「地元のお客様が自信を持って、京都のお土産、嵯峨嵐山のお土産としてご持参頂ける商品作りを目指しております」とありました。観光客向けではなく、地元の方がお土産として自慢できるものを志しているところがいいなと思いました。以来、私もその志にあやかり、少し遠方の方にも京都の生菓子を味わっていただける手土産として重宝するようになりました。

この桜餅は、京菓子の老舗「鶴屋吉信」に暖簾分けを許され、昭和二十三年に開店した初代が考案したものです。二代目で現当主の野村紳哉さんによると、初代であるお父さまは、桜の名所である嵐山で自分が生まれ育ったこと、そして戦中に海軍で桜の記章を付与されたことから、桜餅を店の銘菓にすることになみなみならぬ情熱を傾けておられたといいます。

桜葉はうぶ毛が少なく香りが高い大島桜。若葉を木樽でじっくり塩漬けしたものを伊豆半島から直接取り寄せて使います。みずみずしいこしあんは、野村さんが生あんに砂糖を加えて練り上げる桜餅専用のもの。道明寺は特注の五つ割（一粒の糯米を五つに割ったもの）と四つ割をブレンドしているそうです。

「二種類の道明寺を使うことによって口に入れた時のお餅の食感が変わってくるんです。つぶつぶしてるだけでは食感が悪いし、かといって完全なお餅になってしまっても道明寺ではないというか」

野村さんの菓子職人としての哲学を感じた一言でした。野村さんは、京料理を食べに行っても、おすましのタネなどに道明寺が使われていると、思わず観察してしまうそうです。

この桜餅の特徴は、道明寺を桜色に染めるのではなく、真っ白なまま調製していること、そして一年を通して作られていることでしょう。これは先代が懇意にしていた料亭「吉兆」の創業者であり、稀代の料理人、そして茶人としても知られた湯木貞一さんの提案でした。

「桜餅の色抜いたらどうや、そしたら夏でも秋でも食べられるやないかと。季節感を増すのではなく抜く、引き算の方へいくというのが、お茶人さんのものの考え方やなあと思います」

そういえば、私が初めてこの店の桜餅を買ったのも、秋でした。この桜餅は春のお菓子というより春を連れてくるお菓子なのだと思いました。春を待つ心を楽しむお菓子といえばいいでしょうか。

ともあれ、湯木さんの助言のもと出来上がった桜餅は、嵐山の料亭や料理旅館のお客さんの手土産として注文されるように。「吉兆嵯峨支店」（現・京都吉兆嵐山本店）をはじめ、嵐山の料亭や料理旅館のお客さんの手土産として注文されるようになりました。今では料亭自体が少なくなり、配達することもなくなったそうですが、当時は夜八時頃、電話の前で料亭からの注文を待つのが日課だったそうです。つくづく和菓子屋さんは、まちや土地の要望、ひいては文化を吸い上げる存在なのだな、と感じます。

桜餅は本来、朝作って夕方には売り切る「朝生《あさなま》」と呼ばれる類のお菓子です。しかし先代は、あくまで上菓子として作り、専用の化粧箱と掛け紙を作りました。嵐山ゆかりの日本画家、山本紅雲《こううん》の筆による桜が美しい木版刷りの掛け紙は、捨てられない包装紙のひとつです。一方、野村さんが考案された自宅用のサービス箱も、折り鶴をすき込んだ薄い包み紙から桜色が透けて見える様子が美しく、そちらをあえて手土産に使うこともあります。

「ご入用の際に休んでたら気の毒ですから」と、店は年末年始も祝日も完全無休。毎日、その

桜色が美しい、自宅用のサービス箱。

左より野村紳哉さん、娘で三代目の佳世さん、妻の喜美代さん。

日の朝に作られた桜餅が買えますが、私は購入してから二、三日経った頃の方が、おまんじゅうに桜葉の香りが移り、道明寺もほどよく締まって好きです。パン屋さんでも、仕出し屋さんでも、「素材がなじんで落ち着いた頃が一番おいしい」とおっしゃる方が京都には結構おられます。常温保存しかできなかった時代の知恵は、現代の私たちの身体にもしっくりくるような気がします。私が、古い味が遺っていってほしいと思う理由のひとつです。

　お花見の時、この店の桜餅の二十個入りや三十個入りを持参すれば、さぞ場が盛り上がるだろうなと思います。巻き寿司のように手で気軽に食べられる、絶好の野外食だと思うのです。野村さんも、「いつかこの桜餅におてふきをつけたいと思てます」とおっしゃっていました。

　平松さん、いつの日か大堰川のほとりでお花見と参りましょう。必ず春でなくても大丈夫です。この桜餅が、いつでも春を連れてきてくれますから。

——二〇一九年四月　京都「鶴屋寿」にて

K

粉をこねて、焼いて、売って半世紀。
茶色のテントの小さなパン屋さん、わがまちの自慢です。

しみずや（東京・西荻窪）

前回の嵐山「鶴屋寿《つるやことぶき》」の桜餅、みずみずしい桜葉に見惚れました。今年のお花見も、「鶴屋寿」の桜餅があちこちで場を盛り立てたことと思います。

今月ご紹介するのは、わがまち西荻窪《にしおぎくぼ》で五十年近く続く自家製パンの店「しみずや」です。私が通い始めたのは一九七〇年代後半、入学した東京女子大学の通学途中に「しみずや」があったのです。西荻窪は吉祥寺の隣まちですが、住宅街と個人商店が混然となって全域に広がっており、東京でもなかなかユニークな存在感を発揮しています。以前、「この空気はパリに似通っている」と知人に口走ったら、そりゃあ贔屓《ひいき》の引き倒しだと苦笑されました。でも、〝特定の商店街がない自由な雰囲気〟〝散歩しながら買い回れる楽しさ〟は依然変わりません。

さて、「しみずや」です。間口一間《まぐちいっけん》足らず、引き戸を開けると年代物のガラスケースひとつ。

小さな、本当に小さなお店なのですが、まちのパン屋さんという言葉がこれほど似合うお店もありません。食パン、菓子パン、惣菜パン……お店の奥で焼いたパンは正直と誠実そのものの表情です。ぐーっと引きが強い生地に特徴があり、小ぶりのドッグパンの種類はたまごサンド、コロッケサンド、サラダパン、カツサンド、鮪《まぐろ》カツサンド、焼きそばパン、ピリ辛チキンサンド……たまりません。粉砂糖をまぶした揚げクリームパンやカレーパンも私の大好物なのですが、ファンが多くて競争率が高いので、開店直後が狙いめです。

その日のパンを「つくって売る」、つまり売る側と買う側の距離がきわめて近い「しみずや」は、西荻窪というまちを物語る存在でもあります。

店主は御年八十四歳の金原勇三郎さん。八十代半ばにしてバリバリ現役のパン職人、金原さんおひとりが「つくって売る」お店です。早朝から生地をこね、成形し、焼き、店先に並べ、販売まですべてをなさっているのだから、すごい。少し開店時間がずれ込んでも、頭の下がる仕事ぶりを地元の人たちはよく知っているから、ゆったり待っています。

しばらくの間、店主の名前は屋号と同じ「清水」さんだと思い込んでいました。でも、金原さん。その背景にはパン職人金原さんの道のりがあり、戦後の日本の歩みが重なっています。昭和九年、東京・幡ヶ谷《はたがや》生まれの金原さんは、戦時下、小学四年生のとき静岡に学童疎開、終戦後東京に戻り、十八歳のとき杉並区阿佐ヶ谷の製パン店「モモヤ」に就職します。「パンが

しみずや

好きだったからね」と陽気におっしゃるのですが、「モモヤ」時代に修得した製パン技術の基本が現在の柱になっていると伺うと、研究熱心な働きぶりがわかろうというものです。戦後、パンの委託販売所がまちに登場したことをご存じですか。当時、アメリカから大量輸入された余剰小麦粉が出回っていましたが、配給された三百六十五グラムの小麦粉を持っていくと、委託販売所で焼いたコッペパン三個と引き換えてくれるシステムです。食糧難に喘《あえ》ぐ時代、小麦粉を香ばしいパンに換えてくれる委託販売所は大繁盛しましたが、と同時に製パン技術が広まる契機にもなりました。こうして日本中あちこちの土地にパン屋さんが根づくのですが、パンが普及してゆく歴史に金原さんは直接関わっていたというわけです。

「モモヤ」に十八年間勤め、結婚を機に三十代半ばで独立した金原さんが店の権利を買ったのが、同業の製パン店「しみずや」でした。屋号をそのまま引き継いだのは、「看板や包装紙、判子《はんこ》まで全部名前を変えるとお金がかかったからね」。面子《メンツ》にこだわらず、何につけ合理的でおおらかな気性でいらっしゃいます。以来、妻の幸子さんとの二人三脚。

「東京女子大の学生さんにはお世話になってきましたよ。あるとき大学祭で売るから、と三日間でドッグパン三百個注文を受けたこともあったねえ。男子学生がぴゅーっとクルマで受け取りに来て、いやァびっくりした。開店時間が遅いからって、『幽霊パン』って呼ばれたこともあったなあ」

同窓生としては冷や汗が出ます。とにかく、みんな「しみずや」が大好きだったんですよ。いまも思い出すのは、てきぱきと接客をなさる奥さまの姿です。学食で買うパンとはおいしさが別もの。パンを通じて、親鳥の羽の下に潜り込むような温もりを感じていました。だから、寄りたくなった。

　ところが十年前、胸が潰れたことがあります。突然「しみずや」のシャッターが下りたままになった。まさか閉店では。地元の人たちは気を揉み、固唾《かたず》を飲みました。二カ月ほど経ったころ、ふたたびシャッターが上がったときのうれしさ！　再開のニュースはまちを駆け巡りましたが、開店休業は、奥さまの幸子さんが六十九歳で急逝なさったからと知り、言葉がありませんでした。苦楽を分かち合ってきた幸子さんを突然失った金原さんは、もう店を辞めようと思ったのだそうです。でも、「娘や息子が背中を押してくれました」。そして、まちの声にも。

「こんな寄せ書きがシャッターに貼られていたんですよ、あのときは泣けたなあ」と言いながら、いまも大事に保存してある二枚の画用紙を見せてくださいました。いろんな筆蹟の黒マジックの文字が並んでいます。

「待っておりました!!　早く食べたいです」「じゅくに行く時いつも開いていなくて心配でした。またおいしいパンが食べられます」「おばさんの笑い顔　目に浮かびます。ガンバレ～!!」

　人に愛され、まちに愛される金原さんのパンの味です。目頭が熱くなりました。

このたび初めて厨房でお仕事ぶりを拝見し、おいしさの謎の一端がほどけたように思ったのです。温度計やタイマーを活用しつつ、生地のこね具合、手で丸める力の塩梅《あんばい》、二次発酵の時間、オーブンの上火と下火の温度管理、すべて手の技術と勘によるもの。以前、機械でやってみたら、形はきれいだったけれど不満が残った。だから、ドッグパンの生地をぴたり五十五グラムに分けるのも、手。仕事の工程にしても、金原さん独自のスタイルが確立されています。天板に生地を置く個数、粗熱を取る場所、焼けたパンをバットに並べる位置、あやすようにして使いこなす年季の入ったオーブンの扱いにいたるまで、つまり、すべてが「しみずや」の味の構成要素なのです。もちろん、たくさんの工夫が盛り込まれていました。カレーパンの中身にはじゃがいもを潰したのも混ぜているから、こくがある。揚げクリームは揚げ時間が一瞬だから、あんなに軽い食べ心地なんだ。優しい風味のカスタードクリームも、金原さんならではのセンスです。

黙々と、飄々と。一手に仕事をこなしてきた身のこなしには無駄のひとつもありません。

「でも、最近はなかなかねえ。身体の調子がそのまま品物に出ます。オリンピックの年までは

がんばるって言ってんだけど、でもね、身体が続く限りやろうと思ってるんですよ」

針を三十分進めてある時計を見上げて、「あっ」とあわててひと言。

「早く開けないと。適当な時間に店開けないと売り損なっちゃう！」

午後一時、開店。今日も「しみずや」のシャッターが開くことが、わがまちの誇りです。

日本のパンの歴史がそれぞれの土地に息づいています。姜さんがお住まいの京都にも「まちのパン屋さん」がたくさんありますね。お手紙を書きながら思い浮かべたのは京大北門前の「進々堂」です。京都に行ったとき、時間があると立ち寄ってコーヒーを飲むのが長年の習慣で、「進々堂」もまた、まちの財産ですね。

――二〇一九年五月　東京「しみずや」にて

潔さに理由あり。
机で食べる、カレーライス。

進々堂 京大北門前（京都・百万遍）

「しみずや」のドッグパン、強烈にそそられました。「ぐーっと引きが強い生地」に鮪《まぐろ》カツとは、つばが出ます。パン生地は極力触らずに成形するのがよいとパン職人さんに聞いたことがありますが、写真に写っているドッグパンの張りやチョココロネのぷくぷく感に、熟練の職人さんならではの手数の少なさを感じました。厳しい戦後を生き抜いてきた金原さんのパンは、食べる人を励ます味がするのでしょうね。大学への通学路にこんなお店がたまたまあったとは、平松さんは幸運の持ち主です。

大学といえば、学生街である京都の百万遍《ひゃくまんべん》にもやはり、「親鳥の羽の下に潜り込むような温もり」を感じさせる店があります。

平松さんもお書きになっていた、「進々堂 京大北門前」です。

その名の通り、京都大学の北門前にある、パン屋併設の喫茶店です。その独特の店構えから、私は長い間、入るのを躊躇《ちゅうちょ》していました。「進々堂」と彫り込まれた入り口の木製看板のてっぺんで、河童《かっぱ》のような木像が門番のように見張っていたのも影響していたと思います（後にパリのノートルダム大聖堂にもあしらわれている魔除けの怪物「シメール」や「ガーゴイル」を模したものだと知りました）。大学時代、結構気張ってフランス語を勉強した方でしたが、外壁にある凸文字の「NOTRE PAIN QUOTIDIEN（ノートル・パン・コティディアン）」というフレーズの真意がにわかにつかめなかったのも、気おくれに拍車をかけました（後にキリスト教の代表的な祈禱文「主の祈り」にある「我らの日毎の糧」という一句だと知りました）。家では父が折に触れ、「京大生になってあそこで勉強してみたかった」と遠い目をして語りますし、「一体何なんだろう、この店は」と通りかかるたび気になる存在でした。

社会人になり、勤めた出版社の先輩から「続《つづ》木《き》斉《ひとし》という人がパリのカルチェ・ラタンに憧れて開いたカフェだよ」と教わり、その先輩が慣れた様子で仕事の打ち合わせに使っている姿に憧れて、私も時々利用するようになりました。時の流れを忘れてしまう不思議な空間に、間もなく虜になりました。ワーズワースの詩を彫りつけた木製の額縁の前で学生さんたちが本やノートを広げて勉強会をしていたり、べっ甲のループタイをしたおじいさんが「原稿用紙買《こ》うてきて、コクヨのと違《ちご》て、〇〇のやで」と同伴のおじさんに念入りに頼むと、そのおじさんが

店を飛び出していったりと、何かにつけてドラマチックというか、世間離れした光景に、ここでいくつも遭遇しました。

創業者の続木斉は、愛媛から上京し、東京の「新宿中村屋」で働きながら、内村鑑三の門弟として聖書を学び、詩人を目指した青年でした。しかし、詩作では家族を養うことができず、大正二年、同じく門弟だった親友が京都で始めたパン屋を譲り受けます。「進々堂」と名づけたそのパン屋が軌道にのると、すかさず京都帝国大学（現・京都大学）でフランス語を習得。フランス文学とパンの製法を学ぶため、四十二歳にしてパリに留学します。斉が「日本で最初のパン留学生」といわれる由縁です。

帰国後の昭和五年三月三日、現在の地にパン屋「進々堂 北白川店」を開店します。フランスパンなど欧風の堅焼きパンを苦心の末に焼き上げて売り出すものの、周りは田んぼで、店舗も農家を改造したものだったそうです。が、翌年には果敢にも「ノートル・パン・コティディアン」という名のパン食堂（現在の喫茶店部分）を併設開店。留学時代、パリの学生街のカルチェ・ラタンで斉の心を捉えた、教授と学生がパンとコーヒーを手に討論するカフェを再現しようとするものでした。

この開店までの経緯は数々の本や雑誌に書かれていますが、「学問とパン」という、いわば理想と現実が一本道になっていく過程の斉の感動が伝わってくるようで、何度読んでもいいものです。

斉のひ孫で四代目の店主である川口聡さんによれば、斉は開店当初から「このパン食堂を京大の学生さんの教室として使ってほしい」と考えていたようです。その志が通じ、京大の名だたる教授や学生さんたちが、「京大第二教室」「京大第二図書館」「進々堂教室」といった愛称で呼び、集いました。店の営業時間は、今も昔も八時から十八時。京大の始業・終業と同じ時刻だそうです。

現在、店のパンは、別法人として製パン業を展開する「株式会社 進々堂」の寺町店から、毎朝焼きたてが運ばれています。バターのしみた半割りのイングリッシュ・マフィンにポテトサラダを塗って食べるのがおいしい「プチ・デジュネ」という軽食セットや、四角いスコーンが三つものってくる「スコーンセット」などのパンメニューもおすすめですが、私が一番好きなのは、実は「自家製カレーライス」(49頁)です。白米の上に薬味をのせたカレーとスプーンのみがすっと出てくるところ、いつ行ってもあるところ、辛さと酸味が絶妙な熱々のルウが深皿にたっぷり注がれているところが、好きなところです。初めて食べたのは二〇一三年十二月十八日だったようで、その日の日記に「４９０円のエレガンス。福神漬とらっきょ2粒が美しい完全食。」と興奮気味に書きつけています。

このカレーライスが店のメニューに加わったのは四十年ほど前。お腹をすかせた京大の男子

川口聡さん。川口さんのまかないも、毎日、店のカレーライスだそうです。

学生のために、川口さんの母の多恵さんが作り始めました。具材は玉ねぎ、豚肉、カレー粉とカレールウ、フルーツチャツネ、ウスターソース、ケチャップ、塩こしょう。値段は日記を書いた当時より十円上がりましたが、多恵さんが「毎日食べても飽きないように」と考案したレシピを川口さんがそのまま受け継ぎ、毎朝作り続けておられます。ある日、開店直後の店でこのカレーライスを食べている学生さんを見たことがありますが、朝食として食べられるほどあっさりとした味わいです。

以前、このカレーライスについて取材した際、とても印象的な出来事がありました。「薬味がすでにカレーにのっていて、潔くカレー皿とスプーン一本だけ出てくるのがいいですね」と私が伝えると、「机を大事に使いたいので、余計なものを置きたくないんです。学生さんが勉強しづらくなるので薬味の瓶や小皿で机をがちゃがちゃさせたくないし、食べ物をこぼすと机によくない。すごい方々が勉強をして巣立っていかれた机なので」と川口さんがおっしゃったのです。

テーブルじゃなく、机。思わずつぶやくと、「ほんまやね。無意識に机って言うてるね」と川口さんも笑っておられました。そういえば、この店では、コーヒーにはあらかじめミルクが

参考文献：『進々堂百年史』（株式会社進々堂）、『京大北門前進々堂 六十年記念誌 カルチェ ラタン』（川口隆也）

入って出てきますし、セットものはすべてトレーにのって出てきます。それもみな、机のためだったのです。

ナラ材を使い、漆で仕上げた八組の机とベンチは、パン食堂の開店当時、まだ無名の二十六歳だった木工芸家の黒田辰秋《たつあき》に、「大勢の学生さんが一斉に座れるものを」と斉が注文したものです。

よく見ると、これだけ大きい机なのに目立ったしみひとつありません。もちろん川口さんたちの日頃の手入れの賜物でしょう。そして、ここを利用してきた人々の心の片隅に「これは学生さんが勉強する机だ」という意識があったからだとも思います。

この机で勉強している学生さんを見ると、「尊い」という感情が湧いてきます。侵してはいけないもの、という感じがします。

平松さんはいつもコーヒーを召し上がるとのことですが、この机でカレーライスも食べてみてください。そして、スプーンをペンに持ち替えて、書き物をしてみてください。なんともやわらかく、いい書き味です。今回は、この机での書き味も「遺したい味」に加えておきたいと思います。

――二〇一九年六月　京都「進々堂京大北門前」にて

K

篠敷きの座敷で、煮えばなのどぜうを箸でつまむ。うまさも風情も味方につけた、浅草で五代続く味。

どぜう 飯田屋（東京・浅草）

青田風の吹き抜けるころになりました。空の青を映す田んぼの風景をまぶたの裏に浮かべると、すかっとします。初夏に味わうこの感覚、日本人のＤＮＡに組み込まれているのでは、と思うくらいです。

今月姜さんにご紹介したいのは、どぜう鍋です。私は、毎年この時季になるとむしょうに恋しくなるのですが、京都や大阪ではどぜう鍋に馴染みがおありでしょうか。長年通う浅草「どぜう 飯田屋」の篠敷きの座敷でくつろぎながら、友人たちと舌鼓を打つのは格別の楽しみです。おととしでしたか、しとしと雨が降るなか雷までバリッと鳴り響いて、上々のお膳立てでした。

どぜうは、どじょうのこと。四文字では縁起がわるい、三枚の暖簾にも書きにくいというわけで、どぜうの三文字が使われるようになったと聞きますが、直截《ちょくさい》な字面より、ひと呼吸置いた三文字のほうが情緒がいや増す気がするのも確か。そんなわけで、このお手紙の文面もどぜうで。

どぜう鍋の風情は、ほかに似たものがありません。コンロの上にのせる鋳物の小鍋は直径二十センチ足らず、独特の平たい形をしていますが、この薄さがちゃきっとしていて、とてもいい。一枚、二枚と呼びたくなる軽やかな佇まいです。そうそう、鍋が現れる前にひと呼吸置くのも忘れません。かならず注文するのは、通称「どから」、どぜうの唐揚げ。地元の浅草っ子の好物でもあります。もしゃもしゃのささがきごぼうの素揚げとの相性もすばらしく、カリッと揚がった香ばしい唐揚げや枝豆をつまみながら、冷えひえのビール。ぬたの小鉢、うざくなども添えたくなります。

どぜう鍋に少しずつにじり寄ってゆく感じといいましょうか。

「そろそろですかね」

「うん、そろそろいきますか」

こちらの間合いを見計らい、仲居さんがどぜう鍋を運んできます。まず、みずみずしい刻みねぎが枡形の木箱にどっさり。初めての方は「わあ、こんなに!?」と目をまるくなさる。はい、こんなにどっさり、です。どぜう、刻みねぎ、どっちが欠けてもおもしろくない。その理由

どぜう
飯田屋

は、食べればわかる……などと口上をひとくさり。どぜう鍋って、ついおいしさを語りたくなる食べ物でもあるようです。

　コンロに鍋が置かれ、マッチをしゅっと擦って点火。刻みねぎをたっぷり盛りあげて待っていると、割下に浸って行儀よく整列しているどぜうがゆらゆらしてきます。さあ、煮えがついた。待ちかねていたどぜう鍋の舞台が整い、それぞれに箸を伸ばします。

　どぜうには「まる」（57頁）と「抜き」があります。「まる」は、どぜう丸ごとそのまま。「抜き」は裂いて骨を抜いた開き。つまり、骨あり、骨なしの二種類です。もちろん好みですけれど、私は断然「まる」。「どぜう 飯田屋」では、「まる」は「どぜう鍋」、「抜き」は「ほねぬき鍋」と呼び分けています。どぜうはあらかじめ酒で煮てあるので、箸でそっと持ち上げないと崩れてしまうくらいやわらかい。一尾まるごと口のなかに運んで嚙むと、甘じょっぱい割下のうまみをまとう身の奥、細い骨がぷちりと歯に当たります。かすかなぬるみをまとう身のやわらかさ。かちり、ぷちり、歯のあいだで鳴るかそけき骨の音。どぜうという小さな生き物と親しく深い関係を結ぶ心地です。

　岡本かの子の短編に、どぜう鍋屋を舞台にした「家霊」があります。ある年の暮れ、「いのち」と名づけられた老舗に、むかし先代の女将と縁のあった老人が訪ねてきて、どぜう汁をめぐんで欲しいとすがる。老人は、女将の娘に哀願します。

「死ぬにしてもこんな霜枯れた夜は嫌です。今夜、一夜は、あの小魚のいのちをぽちりぽちりわしの骨の髄に嚙み込んで生き伸びたい――」（『食魔』講談社文芸文庫より「家霊」）

　どぜうという存在にいのちそのものが託されているわけですが、どぜう鍋に舌鼓を打っていると、激しい人生を生きたかの子の真情がひしひしと伝わってくる。一杯の熱いどぜう汁は手近で安価、貴重なたんぱく源として庶民に愛されてきました。骨と身をまるごと口に運ぶとき、「嚙み込んで生き伸びたい」という老人の言葉が遠くから聞こえてきます。

「どぜう 飯田屋」の創業は慶応年間、明治三十五年からどぜう料理を手がける老舗です。四代目主人の飯田龍生さんは昭和二十六年生まれ、五代目の若主人・唯之さんは昭和五十六年生まれ、家族で店の味を守ってきました。質のいいどぜうの仕入れはもちろん、割下は「店の生命線」と心掛けて店主自身が毎朝つくり、その日のうちに使い切るのがならいです。昔ながらの甘辛、少し濃いめの味。

「三代目の父から言い渡されたのは、『割下をつくることと下足番は、当主の仕事』。世の中でうちの味の立ち位置があると考え、味を崩さず守ってきました。お客さまに『いつ来ても変わらない』と思っていただくために、おなじ味を提供することが務めだと思っております」

　とかく入れ替わりのはげしい東京、ここ浅草でも閉店を余儀なくされる老舗が相次いでいます。そのなかで、「どぜう 飯田屋」が長く健在であり続ける理由は、とお訊きするとこうおっ

「まる」「抜き」のほか、どぜうを卵でとじる「柳川鍋」ももうひとつの看板料理。

しゃいました。

「謙虚に商売をしてきたからでしょうか。たまたま長く続いてきただけで、肩ひじ張ってうちは老舗だなどと思っておりません。どぜう汁とご飯で始まった店だということを忘れず、いかにお客さまに来ていただくか。味だけではなく、店の空気、店の者との会話、すべてふくめてこその料理屋なんだよと教わり、それを大事にしてきました」

腑に落ちました。だから、いつ訪れてもいい空気が流れているのだな、と。

「どぜう 飯田屋」の入れ込みの座敷でどぜう鍋をつついていると、なにかに守られている心地がするのです。その居心地のよさ、安心感がつながっている先は、どぜうをめぐる日本の風土であり、食文化であり、浅草に流れる時間であり、あるいは飯田家の歴史でもあるのでしょう。東京大空襲を被ったのち、戦後に瓦礫《がれき》を掻き集めて家屋を建て、手入れを重ねて修繕を繰り返しながら守られてきた風情にも、ほっとこころ安らぎます。いっぽう、どぜうの仕入れには神経を遣っていらっしゃる。五代目若主人は、どぜうの仕入れに目配りを欠かしません。訊けば、仕入れ先は関東近県ほか、秋田県の農家の方々の協力を得て専用の田んぼをつくり、仕入れを確保しているとのこと。また、勤続四十年以上という職人さんの、目にも止まらぬ包丁さばきもすごい。相手は小さなどぜうですから、手早さも勝負どころなんですね。清潔な厨房、料理人のてきぱきとした仕事ぶり、拝見していると「どぜう 飯田屋」自体がひとつの生命体のように思われてきます。

さあ、そろそろ鍋もおしまいごろ。でも、ちょっと名残惜しい。鍋に割下をほんの少し足し、ちゃっかり残しておいた刻みねぎだけを入れて、くたくたに煮たのを箸でつまんで味わったりするのも、うれし恥ずかし。どぜうのうまみがねぎに染みて余韻が広がります。

どぜう好きは梅雨の時季を逃しません。メスが卵をもつので、ひと味乗ってくるのです。また来なくちゃ。余韻に浸りながら、浅草をそぞろ歩きましょうか。姜さんにも、この愉しさをぜひ味わっていただきたいと切に思います。

――二〇一九年七月　東京「どぜう 飯田屋」にて

湯豆腐のための、豆腐。
それが、京都の豆腐です。

平野とうふ（京都・姉小路麩屋町）

どぜうと雷。まるで江戸手ぬぐいの柄になりそうな組み合わせですね。京都にも鰻や鯉などを売る川魚店がありますが、どじょうはほとんど見かけません。私の母などは「どじょうは泥くさい」と言って嫌がりますが、お酒での下煮、濃い割下、ごぼうや白ねぎなど香りのよい野菜の使い方からして、くさみを旨みに変える工夫が、「どぜう 飯田屋」の長い歴史の中で考え抜かれてきたのでしょうね。

平松さんに夏の江戸の味を教えていただいたので、私からは夏の京の味をご紹介したいと思います。「平野とうふ」の「白豆腐」（65頁）と「絹ごし」です。

白豆腐は、作り方からいうと木綿豆腐にあたります。木綿といえば、舌触りの粗い硬めの豆腐を思い浮かべられるかと思いますが、この店の木綿は絹ごしかと思うほどやわらかいのが特徴です。冷ややっこでもおいしいですが、私は湯豆腐で食べるのが一番好きです。ですから、冬はもちろん湯豆腐で、そして夏でも、さっと湯がいてうつわに引き上げ、ほの温かいところをぽん酢とおろししょうがでいただきます。この温やっこも、実に胃が休まる味です。

ここの木綿は、火を入れた時に、その個性を最もよく感じられる気がします。ふくれてむっちりした部分と、とろけるようになめらかな部分が不規則にあらわれて、飽かずにいつまでも食べていたい気持ちになります。

なぜ木綿豆腐ではなく白豆腐というのか。三代目の平野良明さんに尋ねると、「昔から白は穢《けが》れのない色として深い意味があったんで、白い豆腐はめでたい時とかに神さまに捧げるものとして重宝されてきたんです。せやから、ひょっとしたら白豆腐の方が古い呼び名かもわからんね。絹ごしができてから木綿という呼び名ができたんかもしれません」とのことでした。

その絹ごしも、この店のものは一風変わっています。七、八月だけ作られるここの絹ごしには、なんと寒天が入っているのです。波刃包丁が残した涼やかな波間に、半透明のもろもろが見えるのが特徴です。こちらは冷ややっこで。淡口《うすくち》醤油がいいと思います。あんみつの寒天をゆるくしたような歯切れ感。食べるとプッとはじけて豆腐の生地がひんやりと口に広がり、水を飲むより喉が潤う心地がします。かつて京都では、この寒天入りの豆腐を絹ごしと呼んだそうで、他府県では見られない豆腐だそうです。百度以上で炊いた豆乳と寒天液をつききりで

65　平野とうふ

混ぜつつ温度を下げる工程が重労働で、寒天とにがりという異なる性質の凝固液の合わせ方が難しいため、今では京都でも作る店が少ないようです。

豆腐は足が早いので、本来は近所で買うような食品ですが、平野とうふは京都の中心部にあるため、私の場合は、まちなかで用事があって、それが夕方までには済んで、あとは家に帰るだけという日しか立ち寄れません。それだけに、平野とうふの豆腐を買って帰ることができた日は嬉しくて、あえて何も告げずに、食卓で家族の反応を待ってしまいます。家族も家族で一口食べるなり動きを止め、「今日の豆腐、どこのん？」と必ず聞いてくるので、買い甲斐があるのです。名前を伏せても味の違いを人に悟らせる平野とうふはすごいなあ、といつも感心してしまいます。

平野とうふは、明治十二年頃、丹波篠山《ささやま》から出てきた平野さんの曾祖父が河原町二条で始めた豆腐店が前身です。その本家の店はしばらくしてたたまれたそうですが、明治三十九年、本家の三男だった平野さんの祖父が暖簾分けを許され、姉小路麩屋町《あねやこうじふやちょう》の角で現在の平野とうふを始めました。初代の豆腐は北大路魯山人《ろさんじん》に、二代目の豆腐は豆腐嫌いだった白洲次郎に好まれたそうです。麩屋町通に軒を連ねる京都の三大老舗旅館「俵屋旅館」「炭屋旅館」「柊家《ひいらぎや》」の朝食の湯豆腐に、長年この店の白豆腐が使われているのも有名な話です。

私が初めて取材させていただいたのは、二〇〇六年の夏のことです。例の寒天入りの絹ごしを珍しく思い、ある雑誌の小さな記事で紹介させていただいたのが最初でした。その当時のことをお話ししたら、平野さんがこんな風に記憶してくださっていたのが印象的でした。

「あの取材の時、ああ、この京都の古い絹ごしを若い人は新しいと感じるんやな、と思いました。古いもんを一生懸命守ってりゃ、それがいつか若い人には新しいもんに映るんやなと」

その日から十三年を経て、平野さんに聞いてみたかったことを尋ねました。京都は豆腐がおいしいと言われるのはなぜか、ということです。

よく言われるのは「良質の地下水が豊富にあるから」というものです。平野とうふでも、豆腐の仕込みや保冷には、飲み水としてもおいしい地下水を使います。が、この場合の良質とは「無味無臭ゆえに素材の味がそのまま出せる」という意味のはずです。では、大豆の質がものをいうのか、というと、「大豆の銘柄は関係ない。仕入れた大豆に合わせて、どうにがりを合わせるのかが豆腐屋の腕の見せどころ」と平野さんは言います。しかも、「京都の豆腐は百度以上で豆を炊いて豆くささを完全に消す」のだそうです。では一体、京都の豆腐屋さんは、どういう味を目指しているというのでしょうか。

「京都の豆腐は、湯豆腐のための豆腐を育ててきたようなところがあるんです。京都は海が遠くて鍋の主役である魚が手に入らへんのと、お寺さんの精進料理として湯豆腐が古くからあったことで、おいしい豆腐作りへの要求が高まっていった。じゃあ大豆の味が決め手になるんか

旅館の板場の見習いさんが、朝食の湯豆腐用の「白豆腐」を買いに何度も走って来ます。

というと、京都では豆腐は淡白なんがよしとされてる。うちの白豆腐も湯豆腐のつけだれの味を吸うように、あんな風にざっと寄せてあるわけです。つまり料理人のだしを生かす豆腐が京都の豆腐。結局、食感なんやね。食感で豆の甘さが増したり抜けたり、だしを吸う吸わないが出てくる。せやから、食感が与える味というもんを各々の豆腐屋が追究した結果が、京都の豆腐なんやろね」

食感は味ではないのに、食感で味を調整するとは、奥深い境地です。平野さんも、二代目である父が亡くなり、三代目として豆腐を作る責任が肩にのしかかった時に初めて「こんなことが肝心なんか」「この工程が効いてんにゃな」と悟っていったと言います。そして、初代の口癖だった「豆腐は味つけるもんちゃう」という言葉が豆腐の神髄として重みを増していったそうです。

「ひろうす（がんもどき）ひとつとっても、料理人と豆腐屋のひろうすは違います。魚のすり身を入れたり、味をつけたりするのが料理人のひろうす。豆腐の生地の配分とかつなぎの芋の種類で皮の張り方を変えたり、練り加減で食感を出すのが豆腐屋のひろうす。味つけたりとかは違うんです」

京都は分業制のまちです。着物でも、お菓子でも、お香でも、分業制の各段階で究められた仕事が折り重なるようにしてものが出来上がっています。それは「受注部分しか知らない」という分業ではなく、「全体を知りつつ、部分を担う」という分業のあり方です。それぞれの段階の職人が、「最終的にこうなってもああなっても大丈夫」という練度の高い余白を持たせた仕事をした結果、「なんとものういい（なんとも言えずよい）」、濃密な余白を持つものがそこに出来上がるわけです。

いつだったか、「洗練された味とは仕事を感じさせない味だ」と教えてくれたまちの先輩がいました。仕事というものは、すればするほど白に近づくのかもしれません。自分の仕事もそうあることができればどんなにいいだろうと、やわらかい白をたたえた平野さんの豆腐を食べるたびに学ぶのです。

——二〇一九年八月　京都「平野とうふ」にて

全国のコーヒー愛好家が憧れるカリスマ的存在。労働者のまちで愛されていることを誇りになさっています。

カフェ・バッハ（東京・南千住）

残暑という言葉がうらめしい九月、ここしばらく地熱が居座っています。今年の京都はどんな夏だったかしらと思いつつ、前回ご紹介くださった「平野とうふ」さんのお豆腐がつるりと喉を滑り落ちる瞬間を思い描いているところです。

わずかな時間だったのに、その場を立ち去ったあともさわさわと風に揺らぐ心地を覚えることはありませんか。ふと交わした笑み、なにげない仕草や視線。袖振り合うも多生の縁といいますが、ほんの一瞬の交差にも心は動きます。

今月ご紹介する「カフェ・バッハ」を思うと、つい。昭和四十三年創業、東京・台東区にある自家焙煎コーヒー専門店で、スペシャルティコーヒーをもとめて全国のコーヒー愛好家が訪れることでも有名ですから、姜さんも名前をご存じかもしれません。

語りたいことがたくさんありますが、まず「自家焙煎珈琲屋　バッハ」と看板を掲げるお店の味、あるいは接客サービスがなぜ胸に強く響くのか、そのあたりから話したいと思います。

ＪＲ南千住駅を南へまっすぐ、スカイツリーがそびえる方向へ歩き、泪橋《なみだばし》交差点を過ぎてほどなく右側にお店はあります。泪橋はちばてつやの漫画『あしたのジョー』の重要な舞台ですし、江戸時代には江戸方面へ向かう日光街道の最初の宿場としてにぎわった場所……泪橋について語るとたちまち紙幅が尽きてしまいますから、先を急ぎます。この界隈のかつての呼び名は山谷《さんや》、労働者のまちでした。一九六〇年代末には約一万五千人もの日雇い労働者が暮らし、現在もあちこちに簡易宿泊施設が立ち並びますが、二〇〇〇年以降、安さと地の利が功を奏して外国人旅行者が多く利用するようになりました。そのただなかに佇むのが「カフェ・バッハ」です。

　ガラスのドアを開けるたびに感じる空気は、さらりと清潔、清冽《せいれつ》。「いらっしゃいませ」と迎える店員の方々の節度あるふるまいは、だれがいつ訪れても変わりません。あくまでもまちの喫茶店の風情ですが、その味とサービスは見事なものです。座面六十センチ四方の木の椅子にゆったり腰掛けてテーブル席でくつろいだり、カウンター席では、一杯ずつ丁寧に抽出する所作やずらりと揃うコーヒー豆を眺めたり。新聞五紙はラックにきちんと収められ、シュガーポットは曇りひとつない。ブレンドコーヒー四種、ストレートコーヒーは焙煎度の異なる

自家焙煎珈琲屋
バッハ
屋
875

二十二種、アインシュペンナー（ウインナーコーヒー）やチョコレート入りのホット・モカ・ジャバなどのバリエーションも用意され、私はときどき奮発してカフェ・シュヴァルツァー一六三〇円（73頁）を注文することがあります。この蠱惑《こわく》的な味わいときたら。深い苦みと酸味の泉を彷徨《さまよ》う心地のするブラックコーヒーが、グラスに注いだプレーンソーダ、自家製の焼き菓子とともに銀盆で供されます。エスプレッソ・コーヒー、伝統的なトルコ式で煎れるターキッシュ・コーヒーも揃っているんですよ。ずいぶんマニアックだなと思われるかもしれませんが、でもお客を緊張させる気配はありません。

店主は田口護・文子さん夫妻です。護さんは日本スペシャルティコーヒー協会会長も務め、コーヒーに関わる多くの後輩の育成に携わってきた方でもあります。八七年ごろまで夫婦だけで営んでいた一軒が、なぜかくも注目を集め、コーヒーの聖地とまで呼ばれるようになったか。私は、たんなるひとりのお客として自分なりの想いをふくらませてきたわけですが、このたび姜さんにご紹介するにあたって、田口さんご夫妻にお話を伺いたいと思ったのです。そして「カフェ・バッハ」の背景に流れる精神に行き当たったとき、驚きと納得の声を同時に洩らすことになりました。

北海道生まれの護さんが東京の大学に進み、地元の日本堤生まれの文子さんと知り合ったのは二十代半ば、結婚と同時に現在の場所で喫茶店を開くことになりましたが、土地柄を知った護さんのご両親はたいそう心配なさったそうです。でも、中学生のときから教会に通い、ボランティア活動をしていた護さんは「人間同士が助け合い、支え合う関係が大事だと思ってきたので、この土地で自分は何かの力になれるのではないか」。不安より使命感が上回っていたと述懐なさいます。文子さんとの共通の趣味、クラシック音楽や美術への関心も大きな絆でしたが、さらに固くふたりを結び合わせたものがありました。それが茶道だったと知ったとき、私はパズルの大きなピースが音を立ててぱちんと嵌《は》まったように思いました。護さんは大学時代、世田谷区桜新町のお茶の先生のもとに通って稽古を続けた経験をもち、文子さんのお母さまは裏千家茶道の田口宗幸先生でした。稽古に使うお菓子を受け取りに行ったり、茶室をもつ家屋の廊下を米糠《こめぬか》で拭き上げたり、幼いころから手伝いを通じて茶道に親しんできた文子さんにとって、それが一服のお茶であっても一杯のコーヒーでも、だれかをもてなすことは自分自身を見つめることにつながっていた。もちろん、茶道に惹かれていた護さんにとっても。お話を伺いながら、私はそう感じました。

　とはいえ、「カフェ・バッハ」をだれにとっても心地よい場に育てていくためには、苦労も努力も伴ったようです。近隣の食堂の定食が五十円だった七〇年代後半、コーヒー七十円、トースト六十円。なかなかの値段ですが、それだけの味と空間を提供してお客さまにゆっくり過ごしていただこうという信念があった。「ママはきびしかったですよ」と護さん。路上とお

ご店主の田口護さんと妻・文子さん。

なじように煙草を床に捨てるひとがあれば、文子さんは「スライディングして拾いに行きました（笑）。トイレは頻繁に掃除し、いつもぴかぴか。〝お金を払うんだからいいじゃないか〟ではなく、小さくても公共の場としてお客さまがくつろげる空間をつくるために一生懸命でした」。しだいにお店とお客さまとの気持ちが通い合い、定期的に音楽会を催すなど、地元の交流にもひと役買いながら、その存在は「扇のように」（護さん）広がっていきました。質のいいコーヒー豆を仕入れるために世界各国を率先して訪ね歩き、農園との信頼関係を地道に築いていったのも、取り引きという商いに自身の人間性を重ねる田口夫妻ならではの仕事です。

「カフェ・バッハ」は支店をもちません。昭和五十五年ごろからコーヒーの焙煎技術やサービス、経営法を学びたいという依頼が多く舞い込むようになり、求められれば惜しみなく伝授してきた結果、その薫陶を受けた店が全国に三百軒近く散らばっています。今年で五十一周年、なぜ南千住のこの場所から動かなかったのですか、と不躾《ぶしつけ》に問うた私に、護さんはこう応じました。

「ここで尊いことをたくさん教わってきました。互助の気風があり、あたたかいひとが多いんです。相手の立場や気持ちを汲み取るサービスは、おのずと人間のクオリティを問いかけてきます」

もてなしの心、お茶の精神が求められています、という言葉を聞き、田口夫妻が「カフェ・バッハ」を通じて長年探してきた核心に触れる思いでした。見ているもの、見たいものが目先にはないのです。百年後を見据えれば、ワインも農業もコーヒーもおなじ。バッハの音楽にも重なります。

壊れたり新しくなったり、なにかとあわただしい東京ですが、いっぽうこんなお店を守り、お店にも護られていることが伝えられることを誇らしく思います。

――二〇一九年九月　東京「カフェ・バッハ」にて

奈良漬とだし巻きが、お約束。
謎多き赤飯の、ぼんやりとしたおいしさに夢中です。

鳴海餅本店（京都・堀川下立売）

「カフェ・バッハ」。平松さんも書いてくださっていた通り、私もその名を耳にしたことがあります。六、七年前でしょうか、東京の編集者の方が「カフェ・バッハという東京の名店で店長をされていた方が京都にお店を出されましたよ」と教えてくださったのです。名を「カフェ デ コラソン」といい、御所西にあるとのことでした。名店という言葉に気おくれし、長く行きそびれていましたが、カフェ・バッハの遺伝子を感じに、今度行ってみようと思います。田口さんご夫妻を結び合わせたのは茶道だったというお話がありましたが、偶然か必然か、この店も裏千家・表千家・武者小路千家が集まる小川通にあるんですよ。

　ところで平松さんは、赤飯はお好きですか？　私は長らく山菜おこわ派でしたが、最近、赤飯のぼんやりとしたおいしさに強い魅力を感じるようになりました。噛んでいると薄く広がる糯米の風味。そこにかすかなリズムをつける小豆《あずき》の農業的な食感と香り。甘くはないが塩味でもなく、冷めたままでも温め直してもよく、ごはんにもおやつにもなり、行楽弁当にも進物にもなる。これほど茫洋とした包容力のある食べ物は、ちょっとほかにないと思います。

今回は、そんな「赤飯」（81頁）を看板にする、京都のお餅屋さんをご紹介したいと思います。カフェ デ コラソンからも徒歩で行ける、堀川下立売《しもだちうり》の「鳴海餅本店」です。

創業は明治八年。現在地より少し西寄りの西堀川椹木《さわらぎ》町で、三間間口の小さな店から始まりました。店の名が知られるようになったのは、三代目の鳴海力太郎が創作し、京都で初めて売り出した、秋の丹波栗入りの赤飯がきっかけです。「大正十三年九月十八日朝七時、鳴海餅全店で一斉発売」と二十五歳の力太郎本人が書いた日記のようなものが残っているそうで、その日がいかに商運を賭けた一日だったかを物語っています。

大粒の丹波大納言小豆がたっぷり入った赤飯に、特大の丹波栗が丸ごとごろんごろんと転がるその景色の、食欲をそそること。栗の風味を生かすため、手作業で一粒一粒、渋皮をほどよく残しながら剝き、生栗のまま糯米と蒸し上げるのが特徴で、製法は寸分違わず昔のままだそうです。現在は、丹波の新栗が出揃い始める九月上旬から十一月中旬に販売されますが、百年近く前、この栗赤飯を初めて見た人々と同じ気持ちの高ぶりを毎年感じている自分がいます。そんな栗赤飯が名物となり、「京都で赤飯といえば鳴海餅」と言われるようになりました。

鳴海餅
鳴海餅

赤飯は、昔ながらの井戸水仕込み。水道水より格段に味が丸く仕上がるそうです。販売は量り売りで、店の奥の工場から蒸したてが運ばれてくることもあります。いい香りのする木製の進物用折箱もいろいろな寸法があるので、お祝いごとに重宝します。

私自身は、本店以外に大丸や髙島屋の支店を利用することも多いのですが、今、自分の中で大ヒット中なのが、百貨店の支店限定で売られている「赤飯おにぎり」です。赤飯に薄く塩をして三角形に型押ししただけのシンプルなものですが、これがありそうでなかったおいしさなのです。三角の頂点をぱくっと食べた一口の、小豆と糯米のバランス。冷めてもなおやわらかい、粘りとふくらみに富んだ佐賀県のヒヨクモチという品種の糯米を使っている点も、おにぎり向きだと思います。確認したところ、事前に注文すれば本店でも買えるとのこと。お好みで俵形にもできるそうですので、京都へ来られた際には、新幹線のお供にいかがでしょうか。

付け合わせには、そうですね、奈良漬とだし巻きでしょうか。京都ではお決まりの組み合わせです。実はこれ、私もつい最近知ったことなのです。ある上生菓子屋さんへ取材に行った時、あんこの話から小豆の話になり、ところ変わればあんこが異なるように赤飯も地方によって異なるという話になりました。その時、ご主人が「京都では赤飯といえば奈良漬とだし巻きですからね」とさらりとおっしゃったのです。正直、全くの初耳でした。その後、鳴海餅本店で十人分から注文できる「菜入赤飯」というお弁当にも奈良漬とだし巻きが入ることを知り、今回の取材で是非その背景を聞こうと思った次第です。

ところが、五代目である鳴海力之輔社長にさっそく質問をぶつけると、

「そうですねえ。京都で赤飯といえば奈良漬とだし巻きですねえ。理由は全くわかりません」と首を傾げてしまわれたのです。ご自身も、京都で寛政元年から続く「田中長奈良漬店」という老舗のご主人に尋ねられたことがあるそうで、結局わからずじまいだったとのこと。あくまで私の想像ですが、奈良漬は、漬け上がりまで手間と年月がかかる高級な漬物です。加えて鳴海社長が「僕らが子どもの頃、だし巻きは作るものではなく買うものだった」とおっしゃっていたことを鑑みると、赤飯・奈良漬・だし巻きはハレの日の三点セットとして仕出し料理的に定着したのではないでしょうか。この謎については、引き続き調べるつもりです。

　こちらのイートイン席でいただける「赤飯セット」にも奈良漬が添えられますが、運よく蒸したてにありつけると、赤飯の蒸気で奈良漬のお酒の風味が口いっぱいに広がり、なんとも素晴らしい相性です。ここでその組み合わせを食べて以来、私もすっかり虜になり、家で赤飯を食べる時もいそいそと奈良漬を切ってしまいます。

　赤飯の謎といえば、鳴海社長がこんな逸話も教えてくださいました。赤飯は、今ではおめでたい日に食べるイメージですが、もともとは葬式などの不祝儀の場で食べられていたというのです（小豆の赤い色に厄を払う魔力があると信じられていたようです）。江戸後期の国学者、

喜多村筠庭《きたむらいんてい》が記した風俗事典『嬉遊笑覧《きゆうしょうらん》』の「巻十上　飲食」の項にも、『萩原随筆』という本に「京師にては吉事に白強飯を用ひ、凶事に赤飯を用る事民間の習慣なり」と書かれている、とあります。京師は京都、白強飯は白蒸しです。それが今では吉事に赤飯、凶事に白蒸しと完全に逆転しています。赤飯は、なぜ吉事のものに転じたのでしょうか。

「江戸時代に疱瘡《ほうそう》が流行した時、この疫病を連れてくる疱瘡神は赤色を喜ぶとされました。そこで人々は病人に赤いものを見せたり、赤飯を食べさせて治そうとした。病が治ると、また赤飯を食べた。それが江戸末期には、疱瘡は予防できる病となり、後者の赤飯で祝う風習だけが残ったと聞きました」

　鳴海社長の記憶では、「それでも平成に入る頃までは、お葬式なのでお赤飯お願いします、というご用命がまだあった」そうです。その名残で、こちらの赤飯には、黒ごま塩ではなく白ごま塩がつけられます。京都の町衆の間では、黒は祝儀に、白は不祝儀に使われてきた色だからです。その上で、「難を転じる」を意味する南天を描いた三角袋に白ごま塩を入れるという複雑な構造になっているのです。

五代目の鳴海力之輔社長と息子の力哉さん。ウーバーイーツに加盟するなど、新しい試みにも積極的です。

「お客さまから、なぜ結婚式で配るのに白ごまなんですかとご注意を受けることがあります。その際も、理由をご説明します。ずっと続いているものには、何か意味があると思うので」

赤飯は、基本的に家で食べるようなものなので、その素性を意外と知られにくいもののような気がします。逆に言えば、赤飯を通してその土地の風習やふだんの姿を垣間見ることができるということです。鳴海餅本店のベテランの店員さんも、「京都の方がこんなにふだんからお赤飯を召し上がるとは、ここで働くまで知りませんでした」とおっしゃっていました。

赤飯作りは朝6時から。敬老の日には計1トン分を蒸すそうです。おこわや餅菓子の製造も行うので、工場には蒸気が絶えません。

私は、人々の生活にしっくりと馴染むあまり、謎多き存在となった食べ物の話を聞くのが大好きです。言葉少なに働くものへの愛おしさがせり上がってきます。

平松さんのご著書を拝見すると、岡山県倉敷市のご出身とのことですが、そちらの赤飯はどのような感じでしょうか。またお聞かせいただく機会があれば幸甚です。

――二〇一九年十月　京都「鳴海餅本店」にて

新しさを求めるより、
先代の思いや仕事を引き継ぎながらの四代。
ハイカラな洋食がまとう艶っぽさに、いつもどきどきします。

ぽん多本家（東京・上野）

湯気のたつ温かいものがうれしい時候になりました。ひとそれぞれ偏愛する味があると思いますが、秋が深まると、私はむしょうに酒饅頭が恋しくなります。

前回のお手紙で、赤飯について訊いてくださいましたね。私にとって赤飯は母の味そのもので、アルミの四角い蒸籠《せいろ》をコンロにのせ、ふたに手拭いをかませて蒸《ふ》かす光景がしみじみとなつかしい。赤飯は家のなかの慶事のシンボルでした。とはいえ、とくにつくり方を教わったことはなく、頼りは自分の舌でおぼえたむっちりとした味わいでした。でも、ここしばらく自分では赤飯を炊いていないのです。私も、たぶん母も。

さて、今月ご紹介するのは上野「ぽん多本家」です。姜さんとの書簡は「遺したい味」をめぐるやりとりですが、「ぽん多本家」は、創業明治三十八年以来、家族四代にわたって〝遺り続けてきた〟押しも押されもせぬ洋食の老舗。初代は宮内省大膳寮に仕えて西洋料理を担当していた方で、洋食を身近に食べてほしいと願って上野に開店したのが、このお店です。当時の洋食はハイカラな食べ物でしたから、かなりの高級店だったに違いありません。初代のアタマひとつふたつ抜きん出た味を柱として、百十四年後の現在も変わらぬ存在感を放っています。

とにもかくにも召し上がっていただかなければというのが正直なところです。揚げ物を中心とした料理すべて、ほかでは出逢えない明確な輪郭を描いています。たとえば、ロースのカツレツ（〈89頁〉「ぽん多本家」は〝とんかつ御三家〟と呼ばれることがよくありますが、もともと洋食のお店ですから、とんかつではなくカツレツです）の上品な香気をなんと表現したらよいか。厚い俵形の全体がうっすらと優しい揚げ色に染まり、衣がトゲトゲと口に刺さったり火傷したりすることもありません。嚙むたびに肉のうまみが花開き、もちろん、きすフライ、柱フライ、かきフライ、海老コロッケも別格です。素材も技術もすばらしいといえばそれまでですが、芳しさの理由をずっと不思議に思っていました。

数年前にそのわけを知ったとき、むずかしい知恵の輪がするりと外れました。

ロース肉から外した脂身を煮溶かしてつくる自家製のラードで揚げている！

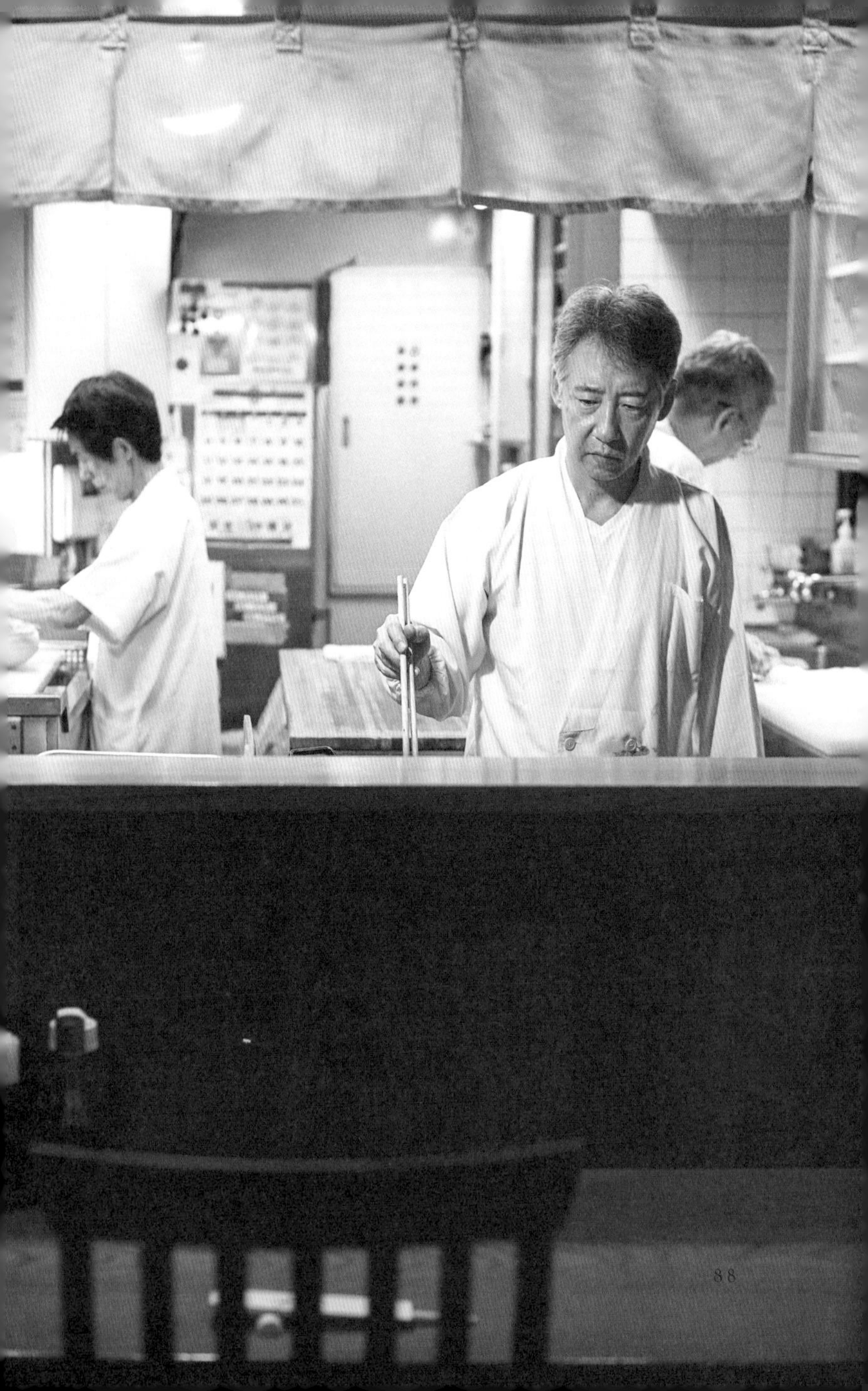

毎日、ロース肉から外した脂身を大きな鍋に集め、じっくり火にかけてラードをこしらえる様子を拝見したとき、おおいに納得しました。つまり、肉は、かつて自分の一部だった脂身で揚がっている。皿の上で芳しい香りを放っているのは、もう一度肉と脂身が出逢い直した結果としてのカツレツなのだと思うと、ファンタジーさえ感じます。

　このたびも、四代目店主、島田良彦さんにお願いして一部始終を見せていただきました。これ、と決めて毎朝仕入れるロース肉のかたまりから、まず脂身やバラ肉を外し、スジを引き、包丁で念入りに掃除をほどこして切り分けるのですが、この一連の作業を島田さんは「磨く」と言います。ピンク色のみずみずしい肉の肌はひと目で質のよさが伝わってきますが、ただ一人前二百グラムに切り分けるだけではありません。ふつう、ロースカツには脂身も肉もいっしょについていますが、それでは「ぽん多本家」のカツレツにはならないのです。

「うちでは、初代からずっとこのやり方です。そもそも、赤身と脂身では火が入る時間が異なります。赤身の揚がる時間に合わせると、パン粉にくるんだ脂身には火が入りきらない。とんかつを食べて胸焼けがしたなんていうのは、そういうわけなんですよ」

　肉叩きで全体を叩いて均《なら》し、塩こしょう。さっと粉をはたく、溶き卵にくぐらせてからパン粉をつける、両方の掌でかたちよくまとめながら、肉のふくらみを見込んで中心を少しへこませる、熱い揚げ油のなかへ送り込む。揚げるときは、百二十度くらいの低温でじっくり。赤身にとっては、自分の脂身との再会。やあ、今朝別れたけど、また逢えたね、なんて。観察していると、最初は大きな泡がじゅわじゅわーっと立ち、火が入るにつれ、小さくなっていきます。ときどきアミ杓子で表面をすくって泡を取り除きますが、それ以外は手を出さず、音を聞いたり、色を見たり。A面↓B面↓A面、つまり上下を返すのは二度だけです。

いったん縦に置いて油を切ったあと、まな板に移し、包丁でざく、ざく、ざく。包丁の腹ですくい上げて、せん切りキャベツの小山が待つ皿の上へ。急いでテーブルへ運ばれます。

たいてい、最初はなにもつけずに食べやすい大きさのひと切れを頬ばります。肉のうまみ、甘み、香り、こく、全部が混じり合って溢れるので思わず目を閉じてしまう。しっとりしていながら、くいっと歯に食い込む華やかな食べ心地なのに、軽やかでスイスイ箸が進む。さっき島田さんは、包丁を入れたあと、肉の揚げ具合をとくに確認することなく盛りつけたのですが、いやあすばらしい火の入れ具合です（あとで訊いたら、箸に伝わってくる抵抗感で引き上げどきを判断しているのだそうです）。後半になってすこしだけ自家製のソースをかけましたが、赤身とラードと職人技にひたすら没頭したい、そんな思いに駆られるカツレツ。付け合わせのキャベツも、サラダもみずみずしい。

昭和四十年生まれの島田さんは、高校を卒業するまでに進路を決めなさいと父に言われ、家業を継ぐ決心をします。お茶の水「山の上ホテル」での修業から戻って二十代から三十代半ば

脂身と硬い筋を引いて“磨き”、赤身を切り、自家製ラードで揚げます。信頼を置く業者から、自分の目で見定めた「良いもの」しか仕入れません。

までの十六年間、父の隣で仕事ぶりをつぶさに見ながら厨房に立ってきました。いま五十代半ば、とくに目新しいことをしようという気はないときっぱり、支店の誘いも一切断り続けてきました。

「はたして新しいことをする必要があるのかな、と思うんです。新しいものって、世の中が変わっても通用するのかな、と。うちは代々、先代の思いや仕事を継いできました。これまでやってきたことを止めるのは簡単ですけれど、むしろ続けていくことのほうを大事にしていきたい」

　父上が六十代初めに急逝して代替わりしたとき、しきりに案じて通い支えてくれたのは長年のお客さま。四代の長きにわたる常連もいらっしゃる。島田家の歳月にお客さまの歳月が重なって、こんにちの「ぽん多本家」があります。また、生まれ育った上野という土地にもつよい愛着をお持ちです。昭和のころ、上野は自営業の集合体だったからおたがい家族同然だったし、社会が子どもを育てる気風がありました、銭湯に行けば、よそのおじさんの背中を流してこいって言われて、ハイッと返事してね、と島田さん。とはいえ、幼い時分から「若旦那」と呼ばれていたそうですから、まちぐるみで「ぽん多本家」を盛り立てていたともいえますね。下町の賢さだなあと思います。

　ご自分の現在を眺めながら島田さんは言います。

「長くやってても、もうちょっとうまくなれるかな、上達したいな、なんて思うんです。もやもやっとしたところを残しておかないとね。また次の代に引き継ぐべく盛り立てていかないと」

　味のあるお話を伺いながら、「ぽん多本家」は上野という土地から生えてきた幹の太い一本の木に思われてきたのでした。

　京都では、紅葉はもうすこし先でしょうか。冬に向けてどうかご自愛くださいね。またお便りいたします。

――二〇一九年十一月　東京「ぽん多本家」にて

そのスープ、鶏の水炊きのごとし。
「うどん屋さんの中華そば」は、お好きですか？

冨美家（京都・千本三条）

この度は上野の「ぽん多本家」をご案内いただき、ありがとうございました。百十四年続く洋食店とは驚きです。金蝕《きんしょく》の縁どりが美しい洋皿にのったロースのカツレツとお箸という組み合わせを、割烹のような店の造りがしっとりとまとめていますね。徹底的に「磨いた」豚のロース肉を、自らの脂身から生まれたラードで揚げるカツレツには「上品な香気」があるとのこと。思わず生つばを飲み込みました。

ビーフステーキは牛の乳からできたバターで食べるに限る、と言った食通の知り合いがいましたが、料理の原点は分解と再構成なのだなあ、とつくづく考えさせられます。フランス料理を西洋風日本料理に昇華させた洋食の料理人には、もののなりたちをよくご存じの方が多いですね。四代目の「もやもやっとしたところを残しておかないとね」という一言も、ものの真理を捉えている予感がして胸に焼きつきました。「これぞ粋だと粋がることは野暮である」と何かの本で読みましたが、上手になるのもほどほどが良いということでしょうか。

そんな、ぽん多本家の「肉と脂身が出逢い直した結果としてのカツレツ」への返信として、今回この味を平松さんにご紹介することに、不思議な巡り合わせを感じています。京都の千本三条にある「冨美家《ふみや》」の「中華そば」（96頁）です。

冨美家は小さな小さなうどん屋さんですが、手作りの鶏がらスープに自家製チャーシュー、そしてピンクのふちのかまぼこを添えた、愛らしい中華そばを代々作り続けておられます。とろりとした鶏がらスープは、鶏の水炊きを思わせる美しいクリーム色。味付けには、開店時からつぎ足してきたチャーシューの煮汁が使われます。そのチャーシューを煮る時、豚の肩ロース肉から脂肪が出てきます。それをラードにして加えることで、スープにコクを足しておられるのです。そうです、まさに「肉と脂身が出逢い直した結果としての中華そば」なのです。

私がこの一杯に出合ったのは、とある冬のことでした。今日は知らない店でお昼ごはんを食べてみようと自転車を走らせていた際、「中華そば」と書かれたのぼりを立てたこのうどん屋さんが目に入りました。ラーメン専門店のこだわり抜いたラーメンよりも、うどん屋さんにある素朴な中華そばを愛する私はすぐさま愛車を店の脇にとめ、躊躇《ちゅうちょ》なく飛び込みました（寒かったのですね）。

京都のうどん屋さんには中華そばを出す店が多くあり、うどんだしとは別にわざわざ鶏からスープをとっていたり、その鶏からスープをうどんだしと合わせて出す店などが存在します。「中華そばであろうと、うどん屋がだしをとるのは当たり前」というわけです。この店もそういう一軒なのだろうと直感しました。木枯らしにはためく「中華そば」の赤いのぼりに静かな自負を感じたからです。

果たして、その中華そばの素晴らしかったこと。もうもうと湯気を立てる白濁スープはとにかく熱々。れんげで一口すすると、滋養を感じるとろみと旨みが五臓六腑にしみわたります。細めのストレート麺は絶妙なゆで加減。ぷつ、ぷつ、と耳の中で小気味よい音が聞こえるほど歯切れが良く、次々と食べ進んでしまいます。赤身のチャーシューも繊維質でありながらやわらかく、うどん屋さんならではのプリプリとしたかまぼこのおまけも嬉しく、はーっと満足のため息をつく頃にはラーメン鉢は空っぽ。見つけてしまった、と内なる興奮に満たされました。品書きに「一品配達ＯＫ」と書いてあったので、割と近所だった自分の住所を伝えてみると、「そこは無理ですね。麺が伸びてしまう」とはっきりお断りされたことも、いい印象として残りました。

店は現在、ご主人の石黒一雄さんと息子の千晶《ちあき》さんで切り盛りされています。店の起こりは八十年以上前。一雄さんの祖父・喜市さんが、七条大宮に和洋食堂「七條民衆食堂」を開いたことに始まります。昭和二十五年頃、父の喜治郎さんが独立し、北野天満宮そばに「音羽寿司」という寿司屋さんを開店。しかし、喜治郎さんは四十二歳の若さでこの世を去ってしまいます。残された妻の春野《はるの》さんと幼い一雄さんは、自宅のあった平野神社前で「音羽製麺」という製麺所を営みながら、生計を立てることになりました。その後、春野さんの叔父を頼って千本三条に引っ越し、昭和三十年頃、現在地でうどん屋さんを始めます。「やさしい響きの名前にしよう」という春野さんの一声で、店名は「冨美家」となりました。

　現在、名物となっている中華そばは、春野さんが考案したものです。

「当時、うどん屋の中華そばいうたら、うどんだしに中華麺を入れたんが多かったんですわ。それをうちの母が、中華そばいうんやったら、ちゃんと鶏がらでスープをとった方がおいしいんちゃうかと始めたんです。父が早くに亡くなったんで、どうにか食べていかんならんと思たんでしょうね」

　春野さん譲りの鶏がらスープは、今も変わらず三日間かけて仕込みます。かしわ屋さんが持ってきてくれる新鮮な鶏がらに、ごく微量の豚骨とにんにく、アクを吸い取ってくれる卵の殻を加え、スープが真っ白になるまでひたすら煮込みます。店内で幅を利かせる三つの家庭用冷蔵庫は、鶏がらスープのストックでいっぱい。いかに春野さんの中華そばが愛されているかを物語っています。

喜治郎さんが寿司店を営んでいた名残でしょう、一雄さんが毎朝手作りする「巻寿司」も、実にやさしい味。一雄さんの母譲りの中華そばに、父譲りの巻寿司を二個つけるのが私のおすすめです。

　ところで今回の取材中、店の壁に、ふぐ調理師の免許証が掲示されていることに気がつきました。息子の千晶さんが取得したものです。

「中華そば」のスープの味を決めるチャーシューの煮汁。これでチャーハンを作ると絶品だそうです。

「僕、パスタが好きで、イタリア料理屋さんになりたいと思ってたんです。学生時代も常に履歴書を持って、何百軒と食べ歩いては、おいしいと思った店に雇ってくださいと直談判してました」

　結局、夢は叶わず、大学卒業後は割烹居酒屋の道に進んで刺身包丁を握りますが、結婚を経て、人手が足りないほど忙しくなっていた店を継ぐべく家に戻りました。ふぐ調理師免許はその割烹居酒屋時代に取得したそうです。ふぐの入ったうどんをやってみよかと考えたこともあります、と笑う千晶さんですが、その手際の良さや調理場の清潔さに、やはりこれまでの経験が感じられます。

「イタリア料理店を食べ歩いてた時、僕、おいしかった店にはおいしかった、まずいと思った店にもまずかったと言って帰ってたんです。アルバイトの子を呼んで、これもっとこうした方がおいしくないですか？　と言うたりしてね。一緒に行った人によく止められてました。でも、店のためになると思うんです。僕も言うてほしい。今日はちょっと塩辛かったよ、とか、なんかいつもと違ったで、とか。なかなか言いにくいじゃないですか。それをさらりと言うてくれはる人を大事にします。パートさんにも、顔を覚えといて、次来はったら絶対教えて、って言うてます」

京都の人は、この店にはもう来ないな、と思うと何も言わずに帰ってしまう。何か一言言う時は、また来るし改善しといてな、という意味である。繁華街で長く続く天ぷら屋さんに聞いた話です。まちの味は、店が啓蒙するものではないのでしょう。同じ塩の量でも、今日のまちは薄いと言い、明日のまちは濃いと言う。ためらい、揺れながら、なんとなくこれ、という味が遺っていく。その「決め切れなさ」が、ぽん多本家四代目の言う「もやもやっとしたところ」なのかなと考えたりしたのですが、平松さんの見立てはいかがでしょうか。

――二〇一九年十二月　京都「冨美家」にて

息子の石黒千晶さん。趣味は詰将棋。

できますものは、ふっくらじゅわー、の稲荷ずしと海苔巻。
二つの大看板を目当てに、ご常連がいそいそ買いに来ます。

四谷 志乃多寿司（東京・四谷）

木枯らしの吹く季節に小さなうどん屋さんの「中華そば」のお話、いてもたってもおられないという気持ちになりました。手づくりの鶏がらスープの喩え「鶏の水炊きを思わせる」に五臓六腑が刺激され、思わず写真の丼に手を伸ばしそうになった自分に苦笑しました。素朴な中華そばを、私も偏愛しています。しかし、姜さんが「冨美家《ふみや》」で「見つけてしまった」とひそかに興奮を覚えたような中華そばに、なかなか出逢えなくなりました。郷愁を追いかけているわけではないのです。私には、中華そばは工夫や知恵や迷いや愛着や、いろんな佳《よ》きものが混じっている食べ物のように感じられるのですが、それらが「決め切れなさ」「もやもやっとしたところ」につうじて余剰を生み出すのかな、などと思っています。

さて、「四谷 志乃多《しのだ》寿司」は、この味を伝えてくださってありがとうございますと言いたくなるお店です。ＪＲ四ツ谷駅から歩いて五分足らず、年季を重ねた渋い店先に下がっている暖簾が、風の日は風に揺れ、雨の日は雨に濡れている。からからと引き戸を開けると、初回はたじろぐかもしれません。時間が止まったような昭和の風情で、店でございという構えがいっそ気持ちいいほどない。しかし、お彼岸や運動会になると、四谷界隈の学校などから五百人前を超す注文が入るのはざら。いちおう小さなテーブルと椅子は置いてありますが、入れ替わり立ち替わり訪れるお客さんの大半は「稲荷いくつ、海苔巻いくつ」と店頭で注文を告げ、つくりたてを持ち帰っていきます。

　稲荷ずしと干瓢《かんぴょう》を巻いた海苔巻、つまり助六だけのお店です。「志乃多寿司」という屋号をもつお店はここ四谷のほか、浅草、人形町、神田と東京に四軒あり、それぞれ暖簾分けによって独立した別経営の店舗です。四軒それぞれに切磋琢磨しながら味の継承に努めているのも、東京の寿司の系譜を物語る一面です。「四谷　志乃多寿司」は大正九年創業、現在のご主人、柏原誠司さんは昭和四十四年生まれ、祖父の代から数えて三代目のお店を妻の知里さんとともに商っています。

　私も、ここの稲荷ずしと海苔巻に出逢ったとき「見つけてしまった」と思ったものです。稲荷ずしと海苔巻は、ひとそれぞれ好みがあると思いますが、ぴたりとくる味に出逢うと僥倖《ぎょうこう》という言葉さえ浮かびます。ここの稲荷ずしのお揚げはちょっと甘め、でも甘過ぎず、濃過ぎ

有限会社

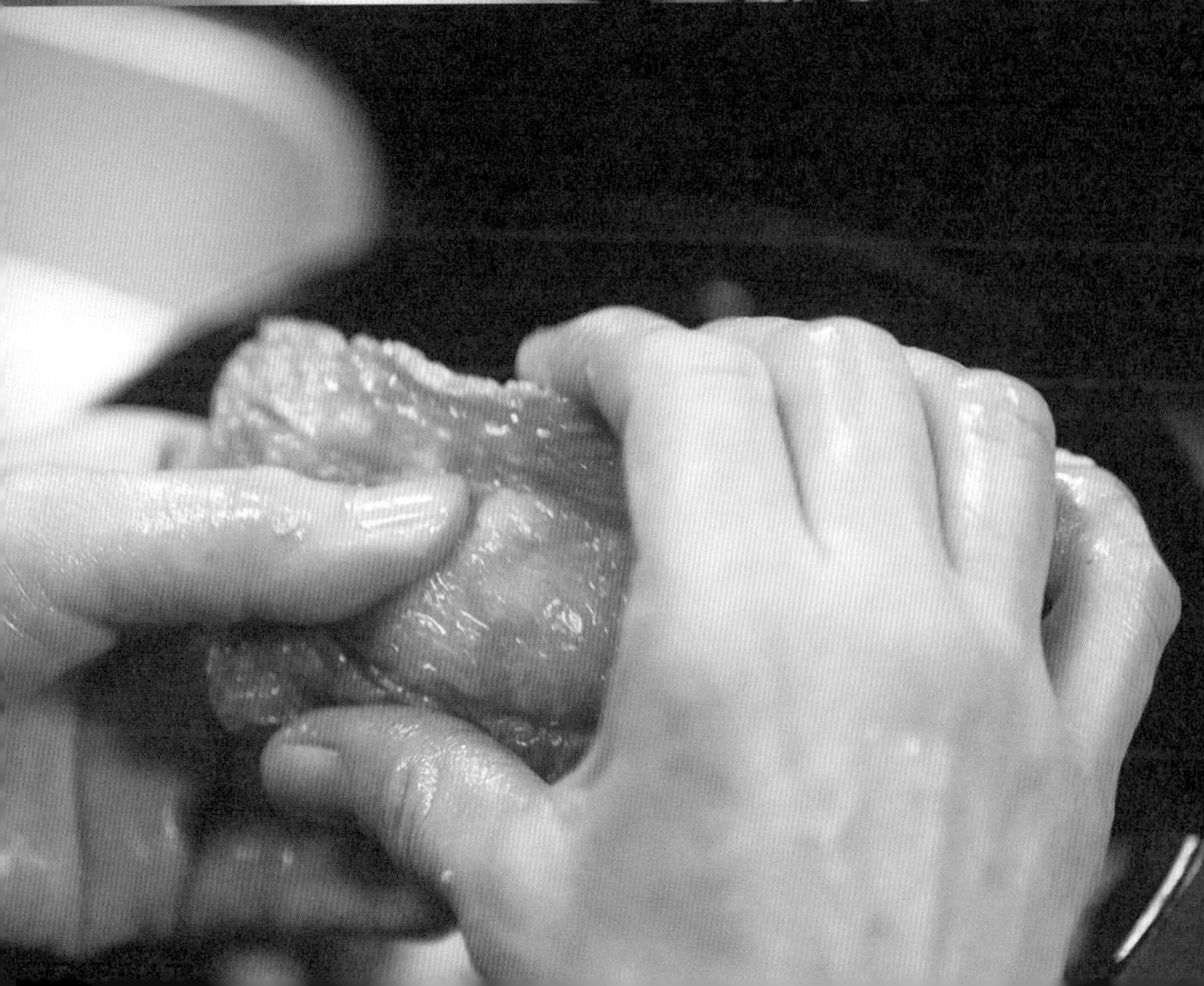

ず、ふっくら、じゅわー、絶妙の煮染め加減。ほわっと詰めた酢飯との相性が軽やかな食べ心地です。しっかりと味をふくませて干瓢を煮る海苔巻の流儀は、東京のそれ。きゅっと締めた巻き方にはいつも惚れ惚れします。差し入れや手土産用に買い求めることがあるのですが、お渡しした方に「あの味が忘れられない」と言われることも多く、内心「そうでしょうとも」とにんまりします。

　個数を注文すると、目の前で誠司さんか知里さんがさっそく誂えてくださいます。自分がお客のときは手元をじっと見るのは不躾に思われて遠慮していたのですが、今回は取材という大義名分があるので、晴れてじっくり拝見。前のめりになっていると、早くも女性客が入ってきました。注文の仕方を戸惑ったのは、「通りすがりに初めて入ったんです。店構えがすてきだなと、以前から気になっていて今日初めて入りました」とのこと。稲荷ずし四個、海苔巻四個の注文を受けると、さっそく所定の位置に座った知里さんの手が動きだします。左手に、あらかじめ仕上げてあるお揚げ。右手の指でお櫃《ひつ》に取り分けてある酢飯をすくい、すすっとお揚げの袋のなかへ入れながら、右手の親指でごく軽く押すようにして収め、形をふんわり整えます。あっというまに四個完成。次に海苔巻。巻き簀の上に海苔をのせ、酢飯を均《なら》して広げ、煮染めた干瓢を横に三本並べて手前からくるりと巻き、軽く締める。巻き簀を外して包丁で四個に切り分けるまで、やっぱり手早い。ひとつずつの動作は丁寧なのですが、動きにむだがなくスピーディ。街場のすし屋さんでは〝干瓢巻が巻けるようになったら一人前〟なんて言われるようですが、知里さんの海苔巻はそれは見事です。食べるとわかりますが、ほどよく空気をふくんでいるのに、きりっと締まって歯切れがいい――なんて説明していると時間の流れがもたつきますね――ふたりは阿吽《あうん》の呼吸で仕事を進めます。パックに詰めてから誠司さんに手渡すと、四隅もぱりっとしたひと包みが仕上がるまで五分とかからず、六百九十円のお代と交換して包みを受け取った女性客はにっこり帰っていきました。

　熟練の手つきですね。思わず私がつぶやくと、知里さんが照れました。

「そんなにこだわってないんですよ。結婚してから数年後にお店に入ったとき、お義母さんや主人、従業員の方に教わった通りにやっています。お義母さんは海苔巻が得意で、すごく手早かった。その隣で、じかに見ながら覚えていきました。ごはんに力を入れないよう気をつけています」

　誠司さんは大学卒業後いったん企業に就職するのですが、知里さんはその会社での同僚だったとのこと、嫁ぎ先の老舗の家業を引き継いで現在にいたります。「あのう、じつは」と知里さん。

「子供のころからずっと干瓢巻が苦手でした。でも、ここのを食べて初めて好きになったんです。味がしっかりしていて、ほかにないおいしさ。びっくりしました（笑）」

常連のお客からの「取材の価値があるよね」という言葉に、うれしそうに微笑むご夫妻。

わあ、そうだったんですか、と私。急に親近感が湧いてうれしくなっていると、がらがらと引き戸が開きました。今度は六十代くらいの男性で、馴れた感じの注文の仕方です。

「外国から帰ってきたばかりでさ、ここのを食べたくて食べたくて買いにきたの」

十分ほど経つと、今度は六十代くらいの男性と女性客が入ってきました。

「僕、十七のときからこの店に通ってるのよ。ほんとうまいよ、ずっと味が変わってないね」

異口同音に、自分の身内を褒める口調でおっしゃいます。みなそれぞれ、長い歳月をつうじて「四谷 志乃多寿司」との縁を大切にしていることがじんわり伝わってくる。誠司さんも知里さんも「〝昔とおなじ味ですね〟と言われることがなによりうれしい」と顔をほころばせます。

お客さまの前での誂えはすばやくても、目に見えないところでの仕込みは入念です。早朝六時にお米を炊きはじめ、お揚げを煮る仕事を進めます。長年仕入れ先を変えず、お揚げは油抜きを一度、醤油、みりん、砂糖で味つけを二度にわたってほどこすと聞き、あとを引くおいしさの理由におおいに納得しました。ひとつの釜で煮るお揚げは一度に二百枚だそうです。ふたりとも気負いのない口ぶりで説明してくださるのですが、代々引き継いできた家族の仕事の質を変えることなく今日につないでいるからこそ、四谷で愛され続ける稲荷ずし、海苔巻。

その証しとして、戦後に建て替えたままの木造建ての佇まいがある。天井が高く、店内の細部に巧みな意匠がほどこされている景色にも興味がつのります。

三代目誠司さんがおっしゃいます。

「ビルに建て替えると狭くなりますし、お客さまも昔のままが好きだって言ってくださいますから、行けるところまでこのままで行こうとふたりで話しています」

「行けるところまでこのままで」。ありがたくて、頭を垂れる思いでした。

遺したい味は、じつは遺してもらっているのだなと、はっとしたしだいです。東京の助六はかくも余韻のふかいお味なんですと、勝手に自慢したくなるのでした。

――二〇二〇年一月　東京「四谷 志乃多寿司」にて

底冷えが磨き上げた、甘くてぬくい、まかない寿司。
蒸し寿司は、誰かを誘いたくなる冬の味です。

ひさご寿し本店（京都・河原町四条）

遺したい味は、じつは遺してもらっている――。平松さんのおっしゃる通りですね。どんな味もひとりでにそこにあるわけではなく、それを伝える店のご主人やご家族が、かけがえのない人生の時間を費やされてきたからこそ、今に続いているのですよね。「四谷 志乃多《しのだ》寿司」のご夫婦の手から生み出される、見るからにジューシーな「稲荷ずし」と小指ほどに細く巻かれた「海苔巻」の味、この舌でぜひ確かめたいと思います。ごはんに力を入れないよう気をつけているとの一言も、いかにも東京のお寿司屋さんらしいですね。押し寿司文化の京都のお寿司は、ごはんがぎっしり、ぎゅうぎゅう詰めですから。

そんなわけで今回は、京寿司屋さんの「ひさご寿し本店」をご案内したいと思います。創業は昭和二十五年。大阪は岸和田の「ひさご」という料理屋で修業した宇治田正一《まさかず》さんと、同じく大阪の「二葉ずし」の娘だったフミさんが結婚し、戦争を機に京都に移り住んで、この店を始められました。河原町通に面したガラス張りの板場で、高下駄の職人さんたちが文字通り寿司詰めになりながら器用に箱寿司の型や寿司切り包丁を扱うさまは、私が子どもの頃からずっと変わらない、河原町四条の繁華街らしい風景のひとつです。

　その板場で、代々の店主が持ち場としてきた押し寿司コーナーに現在立っておられるのが、正一さんとフミさんの孫で三代目の恵室《めぐむ》さんです。恵室さんは、寿司めしこそが京寿司のかなめだとおっしゃいます。

「まぐろはまぐろ、鯛は鯛。お魚の味は、お魚の手柄でしょ。だから僕らはごはんに仕事する。京寿司はシャリを味わうお寿司なんです」

　ひさご寿しの寿司めしは、代々甘めです。砂糖と塩を加えた合わせ酢を米一粒一粒にじっくりとしみこませ、酢や塩で締めたり、醤油や砂糖で味付けしたネタと食べさせる、冷蔵庫がなかった昔ながらの、つけ醤油いらずのお寿司です。

　店の名物は、初代考案の「名代ちらし寿し」。刻んだしいたけの甘煮と海苔をまぜ込んだ寿司めしの上に、錦糸玉子、酢洗いしたゆで海老、小海老をペーストにするところから手作りする海老そぼろ、そして毎朝、大阪と和歌山から届く生あなごを店で捌き、たれ焼きしたものを惜しみなくちらした逸品です。

寿
ひさご寿し

この名代ちらし寿しにひと手間ほどこし、ふた付き茶碗に盛り込んで蒸し上げたのが、今回ご紹介する冬の味。十二月一日から二月末の三ヶ月間だけ食べられる「蒸し寿し」です。

私はこの時季を迎えると、蒸し寿しに茶碗蒸しがついた「むしむしセット」（112頁）をいただきます。フミさんが描かれたというひさご（ひょうたん）の絵が入った小ぶりで深いふた付き茶碗が到着すると、まずは両手で押し包んで暖をとります。ふたを開けたら、酢の香りを含んだ湯気を、胸いっぱいに吸い込みます。ああ、冬が来た、と思う瞬間です。お箸で寿司めしを掘り起こし、口に運んではふはふほおばると、甘酸っぱいごはんと共に、ほわっとほぐれた錦糸玉子や焼きあなご、肉厚の甘いしいたけがリズミカルに口の中で躍ります。口直しに食べるゆで海老の塩の入り加減も抜群。ほくほくのぎんなんと百合根も嬉しいおまけです。

店の寿司は、京都市内なら配達代二百五十円で出前をしてもらえるのですが、蒸し寿しには、なんと出前専用の保温箱が用意されていることも今回初めて知りました。

京都にはこの蒸し寿司を冬の名物にする寿司店がいくつもあり、京都の人はそれぞれ家ごとの行きつけや自分の好みでお気に入りを持っています。

恵室さん曰く、蒸し寿司の発祥にはいくつか説があるそうです。

「僕が京都の寿司屋仲間に聞いたんは、大阪のまかないが発祥という説です。関西寿司って、半端が出るんですよ。巻き寿司一本、箱寿司一枚作っても、お客さんに出すのは二切れとか三切れ。だから、どうしてもちょっとずつ余る。その余ったいろんな寿司を、店のもんがまかないで食べるわけです。で、冬はそのままでは冷たいから、丼に放り込んで蒸し器であっためて食べる。それを見たお客さんが、それ何や、食べさせてくれ、なかなかうまいやないかということで店に出すことになった。そのまかないが伝わり、先人がうつわやら味やらを工夫してごちそうに昇華させたのが、京都の蒸し寿司なんやと聞きました」

　この大阪まかない説が本当だとして、それでも京都の方が蒸し寿司で知られるようになったのは、やはりこの強烈な底冷えが「ぬくい」お寿司のありがたみを一層引き立てるからでしょう。私も冬には、スーパーで買ってきたいなり寿司でさえ、家の蒸し器を引っ張り出し、「蒸しいなり寿司」にしてしまいます（わさびをつけて食べると格別です）。そんな調子で、以前、ひさご寿しのちらし寿しを蒸せば、あの蒸し寿しになるのではと淡い下心を抱き、家のふた付き茶碗で蒸してみたことがありますが、どうも店の味とは違いました。

「あ、ちらし寿しと蒸し寿しでは、ちょっとごはんが違うんです。できたての酢めしを蒸すと食べはる時にむせてしまうでしょ。だから、蒸し寿しにはあえて前日に仕込んだ寿司めしを使うんです。そこへさらにかつおと昆布でとったお吸いもんみたいなおだしをまぶして、酢の利き具合を丸くする。そして、蒸し寿しの寿司めしには刻んだ焼きあなごとしいたけの甘煮をまぜ込んで、蒸した時にあなごの脂とかしいたけの旨みがごはんに移るようにしてるんです」

戦後の食糧難が生んだ「もりあわせ」。「ひさご寿し」では握り寿司3貫、箱寿司3切れ、巻き寿司3切れ。

店の味はやはり、店の味ですね。ところで今回もう一つ、平松さんにご紹介しておきたいメニューがあります。京寿司の店にたいていある、「もりあわせ」です。内容は握り寿司と箱寿司と巻き寿司。量も一人前八個から十個と判で押したように決まっています。

　このもりあわせは、戦後の食糧難から生まれました。昭和十六年の生活必需物資統制令で米が配給制となり、昭和二十二年に飲食営業緊急措置令でほぼすべての飲食店が営業禁止となった時、危機感を持った東京の寿司組合がＧＨＱに嘆願、「委託加工制」で特別に営業を認めてもらったことから全国に広がったものだと思われます。

　委託加工制とは配給米一合を預かり、手間賃をもらって寿司十個に加工するという制度です。平松さんが以前ご紹介くださった、パンの委託販売所の話を思い出しますね。ひさご寿し初代の正一さんも、まさにこの委託加工制のもと、寿司を作った時代の一人でした。

「祖父も創業当初は、配給米約三十九匁を預かり、八十五匁のもりあわせを作っていたと聞いてます。店の軒先に米の重さを量るはかりがあったそうです」

　そして、関西寿司の店は、ここからさらに厳しい制限を課されていきます。

参考文献：並松信久「伝統食『すし』の変貌とグローバル化」(『京都産業大学日本文化研究所紀要』第24号、2019年)

「最初、もりあわせは箱寿司と巻き寿司やったんですが、行政やGHQから関西寿司は米を使いすぎや、と指導があり、今みたいな握りと箱と巻きの組み合わせになったと聞きました。でも結果、彩りもよく、一皿でいろんなお寿司が食べられてええやん、ということで、特に京都に根強く残ったそうです。もりあわせを食べれば、その店の一通りが味わえて楽しいですよ」

大阪のまかないだった蒸し寿司を冬の楽しみに、米を自由に使えなかった時代のもりあわせをお決まりメニューに。どうやら寿司は、京都では気楽な食べ物になっていくようです。テーブル席の食堂形式の店がほとんどで、通し営業の店も多く、大人でも子どもでも、一人でも大勢でも、お酒を飲む人でも飲まない人でも、ハレの日でもケの日でも、食べるものがあります。そういう「なんなと（なんなりと）食べられる店」を、京都の人は掴んで離しません。取材中、毎日決まった時間に来て好きな握りを三貫食べていかれる九十歳のご婦人に出会いました。入店から食べ終えるまでの所作が本当に格好良く、あんな風に自分のまちと暮らせる人になりたいと願った、冬の底冷えの午後でした。

三代目の宇治田恵室さん。お話好きで社交的な、生粋の河原町っ子です。その手が生む握り寿司も抜群の味。

——二〇二〇年二月　京都「ひさご寿し本店」にて

山東省青島《チンタオ》、台湾、東京。三つの異国の味が激動の時代を生き抜いてきた一家の物語を編んできました。

隨園別館　新宿本店（東京・新宿）

姜さんのご著書『京都の中華』でまっさきに覚えた名前が「高華吉《こうかきち》」さんです。地元の方々がくちぐちに「京都の中華いうたら、鳳舞《ほうまい》さんやねェ」とおっしゃるという、名店の生みの親。中国の広東《カントン》地方出身、大正時代に京都にやってきて、京都の中華料理の系譜のひとつを築いた方だと知りました。そして、味というバトンを受け継ぐ料理人たちによって、高華吉の存在はいまも京都に生き続けている。料理はひとの醸す味。つくづくそう思いました。

いっぽう、「東京の中華」についてかんがえると、味の系譜というより、それぞれが独自の路線をゆくさまを思い浮かべます。そもそも江戸時代から、ひとの出入りの多さは並外れていた。異文化の交流もめざましく、だからこそ、海を渡ってやってきて東京に根づき、時流の変化をくぐり抜けてゆくのは簡単な話ではありません。

私が新宿二丁目「随園《ずいえん》別館」を知ってから、数えてみると三十年近く経っています。初めてのときはすでにそこにあり、しばらく足を運ばなくても、行けば必ずそこにある新宿の空気のような存在。私の連れ合いに訊くと、大学を卒業して新宿区のテレビ局に就職したとき、上司に連れられていったようで、「あそこだけは全然変わらないねー」と目を細めます。そのテレビ局はとっくにお台場に移ってしまったし、新宿近辺の風景はまるで様変わりしてしまったけれど、当時から注文する一品はあいも変わらず「合菜戴帽」（私も、いつもこれを頼みます）。

看板料理「合菜戴帽」（１２０頁）は、まあるい卵焼きがふっくらと野菜炒めにかぶさったもので、それを取り分けて自家製の餅《ビン》（クレープのような皮です）にのせ、白髪ねぎと甜面醤《テンメンジャン》といっしょにくるっと包んで頬張る。しゃきしゃきの野菜炒めと優しい卵の風味が口のなかでぎゅっと凝縮されるおいしさときたら！　おなじように餅でくるんで食べる北京ダックより断然こっち、と思うことしばしばです。これを揚げれば、そう、春巻き。この料理は春巻きのルーツのようです。ほかにも前菜、海鮮、肉、野菜、火鍋、おこげ、麺、水餃子や点心……ないものはないといわんばかり、ざっと百五十種以上が並ぶ圧巻のメニュー。

味も変わらず、雰囲気も変わらず、この奇跡を当たり前のような顔をして手渡してくれるところが心底ありがたい。こういうお店が本当に少なくなりました。そして、レジにはいつも店のご主人のすがたがあります。

ZAGAT
19

何十年もただのお客として通ってきたお店の来歴を、あらためて訊くのはちょっと照れくさいものですね。長年ふらりと寄るのを大事にしてきたので、これまでご主人にとくに挨拶したり会話を交わしたりしてこなかったのです。ところが、このたび、ご主人の張本君成さんから伺った「随園別館」にまつわるお話には一家の歴史がぎっしりと詰まっており、胸に響くものでした。

張本さんは一九六三年生まれ。その父、張明山さんの人生が「随園別館」にはふかく関わっています。明山さんは一九〇〇年代初頭、現在の中華人民共和国山東省青島《チンタオ》生まれ。名家の三男坊に育ち、国共内戦のさい故郷を追われて二十歳のとき蔣介石らとともに台湾へ逃げた。身ひとつで渡った台湾で生き延びるために、屋台で饅頭や麺を売る商売を始めると大当たり。台湾では、北の粉料理がめずらしかったし、明山さんには料理と商才の両方が備わっていた。台湾で二十年、そののち四十歳のとき一念発起、家族をともなって東京へ。長男、君成さんが小学三年生のときです。東京に住み始めてしばらく、満州出身の知人の料理店を共同経営していたけれど、その相手が借金を抱えて手を引くことになり、ひとりで経営することになったのが「随園別館」のはじまり。

「父は二十四時間、平気で働きづめでした。自宅に戻ってくるのは週末くらい、昔のひとは生命力が強かったと思います。当時はコックさん二人、ホールは父だけ。最初はここからすぐ近くに店を構えていたのですが、ほどなく繁盛し、二階もつくって、さらに手狭になって隣の建物の二階にも店をつなげて。そのあと現在の場所に移転したんです」

身ひとつで激動の社会を生き抜いてきたエネルギーが、「隨園別館」を育てていきました。成功の理由を訊くと、張本さんの答えは明快でした。

「父が育った中国の北の地方、二十年暮らした台湾、この東京、三つが絶妙に組み合わさっているのがうちの料理です。いってみれば台湾経由の北京風料理。でもね、この価値を僕がはっきり意識したのは三年くらい前なんです。父から二代目を引き継いだとき、なにも変えずにやっていこうと決意してずっとやってきましたが、うちの味をお客さんが喜んでくださっている、支持してもらえていることを最近になってあらためて意識したんです」

とはいえ、張本さんが「隨園別館」を守る努力は、さすがは父の背中を見てきただけのことはあると思わずにはいられません。二代目みずから厨房に入って修業したのは、料理技術を身につけるだけではなく、中国出身のコックさんたちとの人脈を保つため。毎日かならず、忙しい時間帯に抜き打ちで料理の味をみる。出来合いの加工調味料や醤《ジャン》をいくら周囲から勧められても、自家製を譲らない。水餃子も、餅も、すべて厨房で粉から打ってつくる。そのうえでの「安くてうまい」。

初めてその背景を伺いながら、そうだったのかと驚いたり、こまやかな周到ぶりに納得した

甘辛い皮付きの豚バラと高菜がふわふわのパンに挟まった「割包扣肉」（右）と、塩味の肉団子の素揚げ「椒塩炸丸子」（左）。

り。ものごとは一朝一夕には成されないとわかっていても、中国の青島から始まった一家の歴史が、かくも色濃く東京の新宿に引き継がれている事実のかずかず、はるかに想像を超えていました。でも、その分厚さがあるからこそ、新宿のまちに溶け込む存在でいられるのでしょう。

　張本さんはおっしゃいます。

「高級な店って、つくろうと思ったら誰でもつくれちゃうと思うんです。でも、歴史の深い店は、すぐには絶対につくれない。みんな高級の方向を向きたがるけれど、うちは飾り気がなくて、ボロだけど味がよくて、歴史を感じる店になりたい。それにね、建て替えちゃったらお客さん、〝新しくなったら値段が高くなった〟〝味が変わってだめになった〟ってかならず言うんだよね（笑）」

　こういう店が一軒くらいあっていいじゃない、と言う張本さんの隣で、私は内心「なんてかっこいい」とつぶやいていました。

　厨房も、初めて見せていただきました。中国の言葉が飛び交い、勢いよく鍋を振るようすは北京か青島か台北か、ここが新宿だということを忘れるエネルギーに充ちています。かたわらで、点心専門のコックさんが寝かせた生地をちぎっては熟練の手つきで餃子を次々にこしらえているので、思わず見惚れてじっと眺めてしまいました。そういえば「随園別館」のメニューには、水餃子はあっても、焼き餃子はありません。北京には焼き餃子はないからです。

常連客が毎年心待ちにしている料理があります。冬だけ登場する「酸菜火鍋」。酸味の効いた白菜の漬物を鍋仕立てにする中国北方の郷土料理なのですが、乳酸発酵した白菜がじんわりといい味を出して、たまりません。この白菜の漬物も、もちろん自家製です。山海の素材がびっくりするほどふんだんに盛りつけられて三名でもボリューム満点、お値段四九五〇円。いずれも「そこにしかない味」です。

姜さん、こうして書いていたら、「京都の中華」とはまるきり違うのに、なにかが重なり合う気がしてきました。

——二〇二〇年三月　東京「随園別館 新宿本店」にて

「魔女のつぇ」と「妖精のまくら」を売る店、お教えします。

キートス（京都・壬生）

「そこにしかない味」に共通するものとは何だろう。平松さんのお手紙を前に考えています。ひとつ思い当たるのは、私がこれまでに出合った「そこにしかない味」の担い手である料理人や職人の方々は、新しい味を作ろうとするのではなく、もののきっかけやなりたちを知ろうとしていたということです。「隨園《ずいえん》別館」の張本さんの「歴史の深い店は、すぐには絶対につくれない」という言葉も、「台湾経由の北京風料理」の本質を自問してきた人の一言ですね。きっかけやなりたちに思いを馳せて作られた食べ物は、ものとしてピンと立っている気がします。置くだけで食卓が調《ととの》う。そのあり方を私はクラシックと呼びたいと思います。

　京都にも、私が思うクラシックな店があります。手づくりのぱんやさん、と大きく書かれた青のテントが愛らしい「キートス」です。私はここのパンが大好きです。今の住居に引っ越したのは、小雨でも走っていける距離にこの店があることが決め手になったほどです。「フィンランドの伝統的なパンが買える店」と紹介されることが多いのですが、近所になり、店主の土《つち》持《もち》裕《ひろ》昭《あき》さんと言葉を交わす機会が増えると、あれ？　と疑問に思うことが多くなりました。

例えば、ふかした男爵いもをマッシュして練り込んだ「じゃがパン」。近隣の幼稚園や保育園のおやつにも使われる人気パンです。こんがりトーストして有塩バターで食べると、噛むほどにポテトの味がしみ出し、たまらぬおいしさ。ふと、フィンランドではどんな風に食べるのか気になり尋ねると、「これはハンガリーのパンですよ」とポンと返ってきたりするのです。

キートスには大きく分けて二種のパンがあるようです。ひとつは、自家製酵母のライサワー種を使ったライ麦粉主体のパン。サワークリームやはちみつ、ツナやサバなど缶詰の魚を合わせると抜群です。キャラウェイシードとじゃがいもを配合した「ペルナリンプ」、ライ麦粉のみで焼き上げる「ルイスレイパ１００」、輪っかの形が印象的な「ハパンレイパ」、ミルク粥を包み込んだパイ「カリヤランピーラッカ」など、フィンランドの伝統的なパンが中心です。

もうひとつは、自家製酵母のレーズン種やイーストを使った小麦粉主体のパン。前述のじゃがパンのほか、ドライフルーツやナッツ入りの「魔女のつえ」「妖精のまくら」「北欧の森から」といった一度聞くと忘れられない名前の天然酵母パンもあります。

開店当初はあんパンなども作っていたそうですが、売れ筋に絞ってみると、個性の強い大型

フィンランド
天然酵母
パン
LEIPOMO
KIITOS

パンばかりが残ったといいます。

土持さんは現在七十歳。熊本に生まれ、一度は関東で就職しますが、五木寛之の『青年は荒野をめざす』などの青春小説に感化され、早々に会社を辞めて旅に出ます。そうして二十歳を過ぎた頃、旅先の京都で「いろいろあって帰りそびれ」、コーヒー豆の焙煎会社に入社。焙煎に配達にと忙しい日々を送ります。その配達先のひとつが、一九七五年、五条柳馬場にオープンした、日本で最初のフィンランド料理専門店「フィンランディア」でした。

「豆の配達ついでに立ち寄って、じゃがいもを炒めたのとかラーティッコという箱もの料理、つまりオーブン料理なんかを毎晩食べていましたね」

二十代半ばの青年が、毎晩フィンランド料理とは、珍しいと思いませんか。普通はおふくろの味を求めて定食屋か、同僚と居酒屋となりそうなものです。

「私は土地とか故郷に執着がないんですよ。それより人との出会いが面白かったし、珍しいものを食べたかった。当時、フィンランディアでは、フィンランド人の有名なイラストレーターの方がコックをやっていたりして、そういう人たちとお話しするのが楽しかったんです」

そのうち、フィンランディアで働き始めた土持さんは、専属のコックとなります。毎年クリスマス前後、キートスに土持さん手製の「ノルウェーサーモンのディル風味」や「豚モモ肉のハム」が登場するのは、この頃の名残。土持さんがパン作りに目覚めるのは、ここからです。

「フィンランディアでは、世界各国の料理を学ぶ会を定期的に催していました。それで、ハンガリー料理の会の時に、『ランゴーシュ』というじゃがいもを混ぜ込んだ生地の揚げパンを作ることになった。その時、同じ生地を揚げずに焼いたパンもあると聞いて、店の食事パンにどうかな、と試作したんです。それが思いのほか好評で。後日、フランス人のパン職人の方にパン作りの基本を教わって、自分なりに配合を決めたのが今のじゃがパンなんです」

当初、じゃがパンは「どてっとしたなまこ形」でしたが、キートスの開店時、「一目で食事パンとわかるように」とバタール形になりました。隨園別館の張本さん風に言えば「ハンガリー発キートス経由のフランスパン」です。ややこしいでしょう？　ともあれ、じゃがパンがハンガリーのパンだという謎が解けました。ちなみに、土持さんは「本物をついに見たことも食べたこともない」そうです。きっと、おしゃべりから多くのことを学べる人なのですね。

その後、フィンランディアに、本格的にパン部門を立ち上げようという話が持ち上がります。責任者はもちろん、土持さん。三十代後半にして単身フィンランドに渡ります。向かったのはラハティというまち。土持さんは、そのまちの「シヌヘ・レイポモ」というパン工場で二年近く修業します。平日は日がな一日パンを焼き、週末には同僚とキャンプやバイクツーリング。パン工場の事務所の女の子に「男どもの趣味」と呆れられながら狩猟に出かけ、勢子《せこ》をした。クレー射撃をさせてもらったら、翌朝、引き金を引いた指が腫れていた。フィンランドで

フィンランドで常食される「ハパンレイパ」を作る土持裕昭さん。道具は自作です。

はクリスマスケーキの代わりにクッキーで作ったお菓子の家を食べるが、クリスマスに工場長の家に招かれ、ディナーのお祈りが終わって目を開けると、子どもたちがつまみ食いをしてお菓子の家の煙突がなくなっていた――。土持さんから聞くラハティでの思い出は、ひとつひとつがおとぎ話のようで、きらきらしています。

　そんな土持さんが「これは何がなんでもほしかった」とラハティで買ってきた一冊の本を見せてくださいました。フィンランドの各地域のパンや料理を地図や写真と共に紹介したレシピブック。裏表紙には通貨がマルカだった頃の値札。二百六十マルカが八十九マルカに値下がりするまで粘りに粘った跡がありました。

「古い写真がいいでしょう。貧しい田舎の、決しておいしそうには見えないパンの写真。でもこれを見たら何もかもが一目瞭然。ハパンレイパの穴は、天井にわたした棒に通して、乾燥保存するためなんですね。ほら、うちのルイスリンプは古い配合だから、パンの切り口がこの本の写真と似ているでしょう」

　帰国後、フィンランディアから独立し、一九九四年にキートスを開店。当時から国産の小麦粉や自家製の天然酵母を導入していましたが、「パンのなりたちに必要なものを求めていったらそうなっただけ」「そこを強調すると国産小麦や天然酵母のパンを食べない人がだめみたいで抵抗がある」と土持さんはあまり表に出そうとしません。その反面、店が坊城通《ぼうじょうどおり》という目立たない通りにあるため、「店の景気がよかった頃にまちの中心地に出るべきだった」と時折こちらがいたたまれなくなるほど深く悔やまれるのですが、繁華街にこの店があって、果たしてこのきらきらした空気は保たれたのだろうかとも思います。

「キートス」とは、フィンランド語で「ありがとう」。フィンランドでお世話になったたくさんの人たちにお礼を言いたくて、店名にしたそうです。商売よりも自然に湧き上がる好奇心や抵抗感、感謝の気持ちがつい勝《まさ》ってしまう土持さん。その人間としての健やかさが、私の足をまた坊城通に向かわせます。

――二〇二〇年四月　京都「キートス」にて

スッと半歩引く、ほどのよい距離感。野暮を承知で説明すれば、
これが東京っ子の照れと心意気なんです。

シンスケ（東京・湯島）

居酒屋ならばここ、とかねてから決めていたのが文京区・湯島天神下「シンスケ」です。目印は、軒先に下がる大きな杉玉と太い縄暖簾。からりと引き戸を開けると、奥へ長く伸びる一枚板の檜のカウンター、棚にすっきりと整列した白徳利、燗付け場、壁には和紙の短冊に墨でしたためた品書き。いつ足を運んでも、こざっぱりと風通しのいい空気は変わりません。夕方五時、開店とともに老若男女が三々五々入ってくるのですが、どの顔にも「うれしい」と書いてある。今宵はここに来たかった、とお客をいそいそさせる酒場です。

幕開けがまたすてきなんですよ。

「ビールとうるめいわし、ねぎぬたをください」

「かしこまりました」

カウンターの向こう側、四代目主人の矢部直治さんが右手に栓抜きを握る。

「シュポッ！」

小気味いい音がたまりません。よそでは聞けない快音は、まるでファンファーレ。特注グラスは薄すぎもせず、厚くもなく、絶妙の手取り。小瓶なら二杯、大瓶なら三杯きっかり飲み切れる。私にはここのうるめいわしがどんぴしゃりで、焼き加減、脂の乗り具合、ほろ苦さ、幕開けにうってつけ。ねぎぬたの小鉢が置かれるころ、早くも浮き世の憂さは消えかかり……。

居酒屋は、「店」というより「場」そのものだという気がします。土地柄、時間の流れ、商う側とお客、酒と肴、多様な要素が色濃く交差しながら、まちのなかにぽっと灯りをともして「居る」。そのうえで、「シンスケ」には、東京という土地の空気が感じられるのも大きな魅力です。そもそも湯島には学問の神さまとして古くから知られる湯島天満宮があり、秋の菊まつり、春間近の梅まつりにはおおいににぎわいます。東京大学がある本郷にもほど近く、上野の不忍池も目と鼻の先、かつては花街でもあった。そのただなか、大正十四年から居酒屋の暖簾を掲げ、矢部家四代にわたって店を守ってきました。

「シンスケ」の背景をすこしお話ししたいと思います。そもそも出発点は、江戸中期に開業した酒屋でした。矢部家の次男にあたる初代は、神田明神下の酒屋で大番頭を勤め上げたのち独立するのですが、関東大震災で甚大な被害を受けます。そのとき復興を手助けしてくれたの

ねぎぬた
あさりぬた
まぐろぬた
いか納豆
メンチカツ
穴子天ぷら
銀だら西京焼
たこぶつ
しめさば

シンスケ

が、かつて奉公した酒屋の若旦那、鈴木新助。恩義を忘れないように「新助」の名を屋号を戴くも、名前をそのまま外看板にさらすのは無礼千万、音だけ頂戴してカタカナ表記に……かくして、当時としては珍しいカタカナ四文字の屋号が生まれました。屋号の冠に「正一合の店」と掲げているのは、ごまかしをしない酒の量り売りを心掛けていた商いの精神にならうものでもあります。そうこうするうち、酒だけでなく、「肴も出してよ」というお客の要望に応えるようになった。また、現在扱う酒の銘柄は秋田「両関」だけなのですが、ここにもわけがあります。当初は灘の下り酒ほか、いくつかの銘柄を扱っていたけれど、戦後、なかなか酒が入手できない混乱期に「両関」だけが変わらず取り引きを保ち、金銭を度外視した付き合いを続けてくれた。そのことに恩義を感じて、以来ずっと「両関」一本やり。

「シンスケ」の来し方を知るにつけて感じられるのは、潔さや気っ風のよさです。東京を代表する居酒屋の一軒としてしばしば名前が挙げられる店でもありますが、それは、なににつけ一本筋を通しながら屋台骨を守ってきた矢部家の気風が引き継がれているからだと、私は思っています。

では、頑固かといえば、違う。「シンスケ」もまた、時代の流れのなかで居酒屋のありかたを模索してきたようです。私が初めて「シンスケ」の客になったのは三十年近く前、スイッと店に立つ三代目の矢部敏夫さんの姿のよさに目を奪われたものです。頭に細くねじった手拭い鉢巻き、縞柄の絣《かすり》の半被《はっぴ》、細身のパッチ、つっかけた白鼻緒の草履。まさしく東京っ子の格好のよさでした。そののち、三代目が外科手術を受けて入院したとき、ご子息の直治さんが代を継ぎました。ちょうど二十年前、三十歳のときです。

　開店前に時間をいただき、ひさしぶりに直治さんにお話を伺いました。「うまい酒」と染め抜いた藍染めの前掛けと四代目の身体が一体化して、やっぱりかっこいい。ご主人の醸す雰囲気と人柄も、居酒屋の味だと思いませんか。

　この二十年を振り返る、率直な言葉。

「父から引き継いですぐの三十代前半、料理のほうに走って自分の方向を見失っていた時期があったんです。でも、うちは小料理屋じゃない。そんなとき『この肴、日本酒に合わないな』とお客さんがつぶやくのを聞いて、はっとした。そもそも酒屋として暖簾を掲げたルーツを忘れてはいけない、と」

　少年時代のおやつはたたみいわし。ときおり店の手伝いをしながら酒飲みのおとなたちに接して育っただけあって、酒にまつわる要諦はおのずと培われていたのでしょう。また、将来を決めかねていた二十代、大学を卒業したあと自転車で日本一周をしたり、世界のあちこちを旅して知見を広げたことも、いまでは大切な糧になっていると言います。

　両親が育てた「シンスケ」の昭和の時代には、酒と食べ物の関係が深まっていました。名だ

たる料理研究家に師事した母、清子さんは、乾き物が肴の中心だった品書きに一品料理をくわえ、現在も店の名物になっている「いわしの岩石揚げ」「海老しんじょ」「椎茸サラダ」などが生まれ、居酒屋ファンに一目置かれる肴を揃えていきました。これまた名物「きつねラクレット」「どぜう唐揚げ」は、三代目のアイディア。好景気やグルメブームなど時代の波に乗ってみせるところにも、矢部家に受け継がれてきた才覚を感じます。

四代目が支柱に据えているのが酒のありかたです。

「酒場には入り口が二種類あると思うんです。ひとつは酒屋に食べ物が加わった場、もうひとつは料理屋に酒が加わった場。うちの出自は前者ですから、やはりうまい酒をお出しするのが仕事です。曾じいさんは、酒といえば日本酒のこと、日本酒は〝国酒〟だというのが口癖だったと父から教わりました」

あつかう日本酒は「両関」の本醸造、純米酒、たる酒、大吟醸酒。注文によって、冷や、ちょい冷や、常温、ぬる燗、熱燗に誂え分けます。温度計を使わず、小指の腹で徳利の底に触れて塩梅《あんばい》を確かめる。

「あえて温度を決めず、〝いい加減〟がいいかなと思っています」

また、料理の一品一品を揺るがせにせず、酒との相性が考え抜かれています。ビールと刺身がすっきりと合うように、和辛子やきゅうりのすりおろしを添える。日本人は乾物料理に親しんでいたから、と新たにくわえた「にしん山椒漬け」「かすべと大根」「切干大根ゴマ酢和え」。ほうれんそうのゴマ和えも、水っぽくならないように自分なりに再構築しました……や、あまり説明し過ぎると野暮ったい、自戒しています、と照れながら教えてくださいます。

品書きに「したし豆」。「ひ」が「し」になるのは東京っ子の物言いです。

「『代々の江戸っ子ですね』と言われると、父がいつも『おれは江戸っ子じゃねえ、東京っ子だ』」

スッと半歩引く、ほどのいい距離感。でも、「わかってくれてるねえ」と思わせてくれるのが「シンスケ」です。私は、外国からのお客さまがあるとここにお連れするのですが、みな一様に「なんて居心地がいい」と喜んでくつろいでくれる。文化や慣習をすっ飛ばして、東京の、日本の居酒屋の空気のよさが伝わることが誇らしく、うれしいのです。

――二〇二〇年五月　東京「シンスケ」にて

開きながら、閉じている。
詩の一節のように、何度も、何度でも、味わいたい場所。

イノダコーヒ三条支店（京都・三条堺町）

「シンスケ」の肴の名がきれいですね。味が音になっている。「外国からのお客さまがあるとここにお連れする」という平松さんの一言にも興味をそそられました。「これが私の思う東京だよ」という平松さんの直観を、説明しなければしないほど伝わる「場」であるということなのでしょう。料理屋さんが「小説」なら、居酒屋さんは「詩」に近いのかもしれません。

今回は、私が最も詩的だと感じる店をご案内します。「イノダコーヒ三条支店」です。私なら、大切な友人に、ここの円形カウンターに座ってほしい。カップを温めるための湯がやわらかく沸く、ぴかぴかの寸胴鍋。真っ白のフロアコートに蝶ネクタイ姿の店員さんがお玉で熱湯をそそぐたび、ネルの中で大きくふくらむ褐色の粉。厨房をぐるりと囲むチェアに腰かけ、自宅で過ごすようにコーヒーを飲む人々。海水と淡水が混じり合い、独特の生態系を生む河口部などを汽水域《きすいいき》と呼ぶそうですが、私にとってこの円形カウンターは、京都におけるハレとケの汽水域ともいえる特別な場所。隣の席で目を輝かせる友人の横顔に、私は無言で語りかけることでしょう。「そうだよ」「これが私の思う京都だよ」と。

私がイノダを認識したのは、母がきっかけです。母が社会人になり、初めて自由に使えるお金ができた頃、「四条の大丸で買い物した後、一階のイノダで飲むコーヒーが最高の楽しみだった」という話を子どもの頃から何度も聞かされたのです。台詞もいつも同じ。「カップがぶあつくて、コーヒーが熱々で、砂糖とミルクが入ってて、世の中にこんなおいしいもんがあるのかと思った」。ゆえに、母と大丸に出かけた帰りは必ずイノダ。大人になり、コーヒーの味を知ったのもイノダでした。観光客に人気の本店や子ども連れでも入りやすい大丸の店に比べて、地元の一人客が多い三条支店のカウンターに座ったのは、随分と後のこと。母や私にとってのハレの味を、ケの味として使う人々の玄人っぽさに圧倒されたものです。

イノダコーヒのことを、京都の人は親しみを込めて「イノダ」と呼びます。特に、三条支店で待ち合わせる時は「三条のイノダ」「カウンターのイノダ」と口添えします。歩いて一分のところに本店があるので、相手が間違えないように告知する必要があるのです。他にも前述した大丸一階の店舗などいくつか支店がありますが、チェーン店という意識はなく、おのおの異なる店としてぼんやりと使い分けています。私の場合、初めてお会いする方なら本店に、近しい

間柄の人なら三条のイノダにしたくなります。本店なら「フレンチトースト」と「マッシュルームスープ」、三条なら「コロンビアのエメラルド」かレモンアイスがのった「コーヒーフロート」。時々、レッドチェダーチーズを挟んだ「チーズトースト」も食べたくなります。

イノダコーヒの開店は、昭和二十二年。自家焙煎のコーヒー豆を卸す商店を営んでいた猪田七郎さんが、戦争から復員したのちに開いたコーヒーショップとして始まりました。戦後、じゃがいもや百合根、大豆などを使った代用コーヒーが出回る中、戦火を逃れて運よく商店に残っていた生豆を使って本物のコーヒーをいち早く出したことで知られるようになり、室町や西陣の呉服商の旦那衆から、商談もできる、まちの応接間として愛されました。

三条支店の土地は本店の駐車場になる予定でしたが、画家でもあった七郎さんが画業のため欧州を巡った際、何かヒントを得たのか、駐車場はやめてカウンターの店をやる、と翻意して始めたそうです。昭和四十五年のことでした。

「当時、本店では軽食メニューが増えていたので、コーヒーが主役の店として先代（七郎さん）が始めました。コーヒーを目の前で淹れるという演出も先代のアイデア。当初は三条のコーヒーが本店より百円高く設定されていました」

そう話してくれたのは、業務部の国本信夫さんです。国本さん曰く、イノダのコーヒーの値段は、常にその時代のきつねうどんと同じくらいだそうです。創業当時、外食のごちそうといえば、食堂のうどんや巻き寿司。うどんといえば、甘いきつねうどん。イノダのコーヒー一杯は、きつねうどん一杯に相当するほどの贅沢品というわけです。そのことからも、三条支店の「本店よりさらに百円高いコーヒー」が、いかに特別なものだったかが伝わってきます。

　そのせいでしょう、イノダの常連さんの背中には強い自負を感じます。本店の入り口付近には、ひとつだけ、生花の飾られた茶色のテーブルがあります。「五番テーブル」と呼ばれる常連さん用の席です。ここに座るには、なんと常連さんによる「紹介制」が取られているそうです。つまり、店の中に、店の手が及ばない自治のある場が発生しているのです。すごいですよね。一九九九年、本店が不慮の火災で休業を余儀なくされた時、臨時の五番テーブルが置かれたのが三条支店でした。国本さんが困り笑いをしつつ、当時を振り返ります。

「わしらのテーブルどうするつもりや、ビルなんか百年早いぞ、と毎日毎日言われて……。お客さまの望まないものを作っても仕方がないということで、本店は結局、元の店舗をできるだけそのままの姿で再現することになりました」

　京都は、「町衆」のまちです。特に、碁盤の目状になった中心部を歩いていると、呉服などで財をなした、町衆と呼ばれる裕福な商売人たちが私財を投じた名建築の小学校や祇園祭の山鉾を保存する鉾町が残り、このまちなみが彼らの美意識によってつくられてきたことが感じられます。その碁盤の目のど真ん中にあるイノダの空間もまた、町衆によって愛され、磨かれてきたのです。

　三条支店には本店の五番テーブルのような席はありませんが、常連さんの座る席、読む新聞、コーヒーの好みは、やはりすべて把握しているといいます。三条支店の店長を務める佐藤剛《たけし》さんに、思い切って尋ねてみました。もし自分が知らぬ間に常連さんの席に座ってしまっていたら、どうしましょう。

「ご案内の際にこちらで誘導しますので、大丈夫ですよ。万が一お座りになっていても、ええよええよとおっしゃってくださる方がほとんどです」

　よかった。私のような「常連ではないイノダ好き」にも気持ちよく接してくれるのがイノダです。「開きながら、閉じている」というのでしょうか。

　さて、そんな円形カウンターを仕切っているのが、副店長の中川依美《えみ》さんです。円形カウンターに女性として初めて立った、京都生まれの京都育ち。求人に応募した時は、変わった女の子が来た、と店が大騒ぎになったそうです。

「ここのカウンターを見た時、衝撃を受けて。三百六十度見られる、嘘のない仕事。安心やなと思いました。最初は背中に穴が開くんちゃうかと思うくらい見られてましたよ。私が生まれ

私はいつも「コロンビアのエメラルド」をミルクのみで頂きます。

創業者の猪田七郎さんが描いた葵祭の絵。本店に飾るそうです。

る前から通うお客さまがおられますしね。厳しいお言葉も頂戴しました。まあでも、何くそ根性がございまして。先輩方から教わった通り、繰り返し繰り返し繰り返しやっていたら、ある日ぱっとお客さまが話しかけてくださったんです。嬉しかった。いつもあの店は思った味が出てくるなあ、そう感じていただけるようにしたいです」

中川さんが一年中で最も忙しいのは、十二月三十一日。「イノダ納め」に来る人でごった返すそうです。でもみなさん、翌日の元旦には「イノダ初《ぞ》め」に来られるんですけどね、と笑う中川さんが、本当に本当に嬉しそうでした。

実は私、三条のイノダはまだ緊張します。入り口からカウンターまでのあの数歩が絶妙に長い。関西のことばでいう「びびり」ですね。でも、それでいいと思っています。緊張するということは、その場が現役である証しだと思うのです。そういうためらいの時間を「繰り返し繰り返し」生きることもまた、京都というまちに暮らす味である気がしています。

——二〇二〇年六月　京都「イノダコーヒ三条支店」にて

餅菓子、だんご、赤飯、惣菜。
おやつから夕食まで何でもござれ。
「下町のだんご屋」の勢いのある商いぶり、あっぱれです。

(米)深川 伊勢屋（東京・門前仲町）

まさか目下のようなコロナ禍の事態が起こるとは。姜さん、お変わりなくお過ごしでしょうか。あわてふためいて自粛生活を受け止め、今日に至りますが、いずれにせよこの現実は長丁場なのだと腹を括っております。

飲食店の苦境が伝えられるなか、どうか踏ん張ってほしいと気を揉みつつ、あらためて痛感するのは時代や社会状況の大波小波を乗り越えて看板を掲げ続ける大変さです。風雨に耐えて屋台骨を支えること自体がすでに偉業だという思いを強くしつつ、明治四十年創業「(米)深川伊勢屋」を訪ねました。いつもなら店頭販売部門と飲食部門のいずれも大にぎわいですが、緊急事態宣言が発出された四月中旬から五月末まで飲食部門のレストランは自主休業中でした。

まず、「伊勢屋」という屋号についてすこし説明が必要かと思います。この名前は東京周辺に多く見られるもので、江戸の市中ですでに登場していました。だんごを始めとする餅菓子、おはぎ、きんつば、最中など気軽な和菓子、稲荷ずしや海苔巻、赤飯やおにぎり……餅や米飯を中心にした庶民的な食べ物を扱う業態の総称であり、一軒の屋号でもある。「(米)深川 伊勢屋」の屋号は、初代が修業した東京・本郷「伊勢屋」から暖簾分けされたものだそうです。京都では、餅菓子を商うお店は「おまんやさん」と呼ばれるようですね。どこのまちにも一、二軒ある「伊勢屋」は家庭の食卓と直結していたものですが、ファストフードやコンビニに押されたのか、後継者不足によるものなのか、しだいに姿を消しつつあります。私が住むまちでも、最後の砦のようにして昔ながらの一軒ががんばっていましたが、惜しまれつつ数年前に閉じました。しかし、「伊勢屋」という業態は日本の食文化の一領域を担うもの、安くてうまいものを提供する庶民の拠りどころだと思われてなりません。

「(米)深川 伊勢屋」の四代目を担うのは、一九六五年生まれの本間秀治さんです。大学卒業後、京都で和菓子の修業を五年間積んだあと東京へ戻り、三代目の父について商いの道に入ります。「三人兄弟のうち、店を継ぐのは自分なんだろうなとごく自然に思っていたし、十代のころから当たり前のように店に立って手伝いをしていました」と、気負いのない話しぶりです。

伊勢屋

喫茶 甘味 米 深川 伊勢屋 お食事処
成田山
東京別院

東京別院

五目肉野菜炒め ¥850
¥950
マーボー豆腐 ¥850
肉団子の甘酢 ¥950
エビのマヨネーズ和え ¥1200
鶏の唐揚げ ¥850
豚肉の生姜焼き
八宝菜 ¥1000
ホイコーロー ¥950
かに玉（甘酢あんかけ）¥1000

「よく『こだわりは何ですか』と訊かれるんですが、特別なこだわりがあるわけじゃないんです。うちにとって当たり前のことを続けてきただけ、大層なことじゃないと思っています。朝つくったものをその日に売る、よけいなところに手を広げない。祖父も父も、そのようにやってきました」

　飄々と語る本間さんと話しながら、私の脳裏に浮かんだのは、本間家の気っ風は深川という土地柄にも深い関わりがありそうだ、ということでした。あざとく狙ったり鼻息荒く商うのではなく、むしろ気配を抑えて土地の力に委ねてきた、そんな道のりを感じます。そもそも深川は、江戸期には材木業が多く集まり、深川木場として栄えました。江戸文化との縁もさまざま深く、かつて松尾芭蕉、平賀源内、伊能忠敬らが住んだ。富岡八幡宮で催される深川八幡祭りは江戸三大祭りのひとつですし、「深川のお不動さま」として信仰を集める成田不動尊は千葉の成田山新勝寺の東京別院で、元禄十六年に開創されました。そのお不動さまにいたる参道「人情深川通り」の入り口に店を構えるのが「(米)深川 伊勢屋」。毎月一・十五・二十八日の縁日には百五十メートルほどの仲見世がにぎわうのですが、一年中客足が途切れない店頭風景に、かつて信仰と行楽を生活の恃《たの》みとした江戸の日常を重ねたくなります。

「だんごもうまいが、めしもうまい！」。味にうるさい私の友人が、身内自慢のような口ぶりでベタ褒めします。もちろん同感です。ただし、店頭に立つと、煩悩のカタマリになるのがうらめしい。魅惑の品揃えに幻惑されつつ、けっきょく選ぶのはいつもの塩大福やみたらしだんご、稲荷ずしや赤飯にぎりなど。たまには鳥ごはんとか穴子ごはんも買ってみたい。友人は「安くてうまい『(米)深川 伊勢屋』の近所に住みたい」とまで言うのですが、その気持ち、よくわかります。なにしろ、自家製のお惣菜コーナーまで併設されている。クリームコロッケ、メンチカツ、野菜の煮物、ひじきの煮物、お浸し、かぼちゃのそぼろあんかけ、金目鯛の煮付、あじの南蛮漬け、柴漬け、ぜんまいの煮付……圧巻の充実ぶり、しかも安い。どっしりと大きな玉子焼き三百九十円、その隣に「お一人様用サイズ百六十円」。痒いところに手が届く品揃えと値段の安さです。四十年くらい前に始めたお惣菜の味がほんの少し濃いめなのは「祖母が福島出身だったからなんです。祖母や母の味が基本になっています」。〝江戸風味の甘辛だよ〟なんて斜に構えないところがまたすてきだなと思うのです。

甘味からお惣菜からご飯ものまで何でもござれ、どれを食べても角がきりっと立っている。おにぎりひとつとっても米ひと粒ひと粒がむっちりとしてふくよか、行き届いたおいしさで、デパ地下などの平均を狙う味とは一線を画しています。本間さんは「うちで売っているのは、お客さまが自分で召し上がるもの。手土産ではなく、家使いのものばかり」と位置づけていらっしゃいますが、いっぽうお客は、自宅使いだからこそシビアな品定めをするもの。しかし、連日の盛況ぶりは、長きにわたって深川名物です。

この曖昧なところのないおいしさの理由はどこにあるのでしょう。

「自分がおいしいと思ったものをつくりたいという気持ちがつねにあります。店頭に並べているものはすべて自分で食べて、味を決めています。材料は国産のものを選ぶ。季節によって米の出来も違うし、小豆の価格もその年によって変動しますから、質と仕入れ値の妥協点も見つけなきゃならないですしね。

慣れ親しんだ味が基準になっているんだと思います。子どものころから食べてきた自分の家の味。味って馴れたものが一番じゃないですか。京都の修業先の主人から教わった『味は材料。おいしさは人柄』という言葉も大事にしています」

あるいは、接客の気持ちよさ。従業員の方々のほがらかな対応はどのお客にたいしても平等でスピーディ、過不足がありません。おだんご何本、ええと稲荷ずしは何個……などとばらばらに注文しても、ぴたっと正確に収め、金額を計算し、あっというまに包んで渡してくれる。すかっとします。

「下町のだんご屋ですから、デパートの接客とはまた違うと思うんです。スピード感、大事です。活気もでますしね。サービスのマニュアルも一切ありません。マンパワーだけでやっています。昔は割り込むのが平気な方もいて、並んでくださいねと言うと〝何言ってんだ、おれのほうが先だ〟なんて（笑）」

「米⃝深川 伊勢屋」といえば、〝下町のファミリーレストラン〟と呼ぶひともいる併設の飲食部門も大きな魅力です。むしろ食堂と呼びたい風情で、あんみつから餃子、八宝菜、かつ丼まで何でもござれ。七〇年代後半まで洋食を出していましたが、あるとき厨房に中国料理の料理人が入ったことで、どんどん中国料理のメニューが増えていったと聞き、ちょっと笑ってしまいました。実質本位というか勢いそのままというか。本間さんによれば、
「祖父はお祭りのときは半被《はっぴ》を着て外に出るのが好き。いっぽう、おやじは学究肌で一匹狼。へんなうちなんです（笑）」

都下に「伊勢屋」の屋号を持つお店は現在七十軒ほど、いずれも「伊勢屋」で五年以上修業すると名乗ることができ、「睦会」という親睦組織もあると聞くと、庶民の暮らしをあと支えする「伊勢屋」文化が守られていると思い、安堵します。「うちなんか、まだまだひよっこです。百年以上商うお店が東京にはたくさんありますから」と言う本間さんの言葉を頼もしいものとして聞きました。

――二〇二〇年七月　東京「米⃝深川 伊勢屋」にて

「これ入れて、あれ抜いて」。
花街に息づくわがままの味に、あずかる幸せ、その楽しさ。

グリル富久屋（京都・宮川町）

いやはや、新型コロナウイルスの第一波は本当に収束したのでしょうか。実感のないまま日常はずるずると動き出していますが、平松さん、まずはご無事で何よりです。

自粛生活中は、しばらく新型コロナと暮らしていくことになるだろうこれからを思い、「まちの店や味を書くこと」に対して、懐疑的な気持ちになる瞬間が幾度も訪れました。どう身を守れば安全に食事できるのかもわからないまま読者に店や味をすすめることはできないと思いましたし、店は開けたいけれど大勢のお客さんに来られても怖いという飲食店の方々の心中も手に取るようにわかる中、自分の仕事がいかにも不要不急でのんきなものに思えたからです。

これまでのやり方を捨てて、がらりと変わらなければいけない。なぜかそんな強迫観念にかられました。それくらい、このウイルスの得体の知れなさはインパクトがありました。

そんな折、テレビ番組で、夏の豪雨と新型コロナの複合災害の危険性を伝えていたアナウンサーがこんなことを言いました。

「今から備えてください。平時にできないことは、有事にもできません」

そうでした。仮にこれまでのやり方を捨てたところで、急に変われるわけではありません。私が平時にやってきたのは、自分の好きな店、好きな味の理由を探り、読者と分かち合うことです。それをやり続けるために工夫し、「新しい取材様式」に備えていくしかないのです。

平松さんからお手紙が届いたのは、そんな風にささやかながら自分を取り戻した頃でした。「(米)深川 伊勢屋」の、平和そのものの顔をしたみたらしだんご、あんみつもかつ丼も八宝菜もある併設レストランの賑やかな食品サンプルに、「失いたくないもの」を強く意識させられました。「鼻息荒く商うのではなく、むしろ気配を抑えて土地の力に委ねてきた」そのあり方に、今こそ元気をもらっている人も、きっと多いことでしょう。

京都に五つある花街のひとつ、宮川町の「グリル富久屋《ふくや》」も、百年以上続く老舗でありながら、ちっとも気取らず、値打ちのあるボリューム満点の料理を通し営業で楽しませてくれる、「平熱の京都らしさ」にあふれた洋食店です。

京都府が飲食店の営業時間制限を解除した日の翌日、取材依頼の電話をすると、店主の林寛《ゆたか》さんが、「来たね、さっそく！」と困り笑いしながらも、取材を受け入れてくださいました。

「僕ら、置屋《おきや》さんとかお茶屋さんに出入りしてるから、今もピリピリしてるんですわ。舞妓ちゃんが新型コロナになったら、えらいことになりますから。あの子ら一軒家で共同生活してますし、髪結師さん、着物の着付師さん、果てはお客さんまで一気に影響が出てしまう」

林さんからあふれる言葉の端々に、宮川町のここ数ヶ月の揺らぎを感じました。花街は、まち全体が一軒家のように密接な関係で成り立っているのです。

位置でいえば鴨川の東側と四条通の南側、住所でいえば宮川筋二丁目から六丁目辺りが、いわゆる宮川町です。お茶屋さんが軒を連ねる宮川町通は江戸初期の寛文六年に開通したもので、南座に近い茶屋町として、歌舞伎の隆盛とともに発展し、賑わいました。その名残で、宮川町のご贔屓筋《ひいきすじ》には今も歌舞伎役者が多いそうです。お昼間なら舞妓見習い中の「仕込みさん」やふだん着の舞妓さん、お座敷がかかる午後六時前なら盛装の舞妓さんや芸妓さんと、袖が触れそうな距離ですれ違う機会も多く、眼福にあずかることができます。

グリル富久屋は、その宮川町のど真ん中にあります。店の前には配達用のカブ。芸舞妓さんの日々のごはん、お茶屋さんで遊ぶお客さん用の食事など、主に宮川町内の出前仕事で重宝されてきました。舞妓さんが暮らす置屋では、髪結いや着物の着付けなどで日々手一杯なため、中で食事を作る習慣がありません。そのため、花街には今も出前文化が息づいているのです。

店の創業は明治四十年。初代の林鹿蔵《しかぞう》さんと妻の寿寿《すず》さんが、寺町の一角に開いた食堂から始まりました。その食堂が火事に見舞われ、現在の地に移転。それを機に、宮川町御用達の洋食専門店となりました。現在、店を担う林さんは四代目です。外国に憧れ、高校卒業とともにメルボルンの日本料理店で働きながら青春を謳歌していましたが、帰国すると三代目である父の体調が思わしくなく、二十歳の頃に厨房に入ることを決めました。以来、三十年以上にわたり、店の味をこつこつ守ってこられました。

私はグリル富久屋の、いかにも花街という感じの味と盛り付けが好きです。食べていると自分も舞妓さんになったような、レディな気分になります。

クリームコロッケなのが珍しい「ビーフコロッケ」、ポテトサラダ、コールビーフ、コールチキンを箸で和えつついただく「メキシコサラダ」、南座の楽屋見舞いにもよく使われる「カツサンドウィッチ」、踊りのお師匠さん方に人気の「ハイシライス」などなど。

でも、平松さんをここにお誘い申し上げたら、まずは「フクヤライス」（161頁）でしょうか。梅の形に型抜きしたケチャップライスに薄焼き卵の帽子をかぶせ、角切りトマトに角切りハム、マッシュルーム、グリーンピースをちらした、愛らしいオムライス。その可憐な佇まいは、毎春、宮川町歌舞練場で開かれる公演「京おどり」で舞を披露する舞妓さんたちを思わせます。とろとろに仕上げられた卵にスプーンを入れ、すべての層をひとさじにすくいあげて口に運ぶと、トマトの酸味、マッシュルームの食感、ボンレスハムの旨み、ケチャップライスの

自家製のコールビーフとコールチキンを贅沢に使った「メキシコサラダ」（左）、スパイシーでクリーミーな「ビーフコロッケ」（右）。

甘み、卵のプレーンな香りが、華やかに躍ります。何度食べても、ほっぺを両手で包んでしまうおいしさです。

「もともとは二代目が、金鶴《きんつる》さんという芸妓さんにオムライスの卵がやらかいのが食べたい、と頼まれて作ったもんやそうです。松茸やらカニやらをのせてね。そしたら、私も食べたいという人が出てきたんで、ふだん遣いの値段で食べられるよう具を変えて今の形になったと聞いてます」

　金鶴さんと花街の人のわがままを重ねて生まれた味に、時を経てあずかる楽しさは、ほかのまちの洋食にないものです。このフクヤライス、実は今も、舞妓さん・芸妓さんたちのわがままの的《まと》。「ケチャップライスをバターライスにして」「グリーンピース抜いて」「具はマッシュルームだけにして」など、リクエストが絶えないそうです。

　この話を聞いた時、東京の上海料理屋さんで経験した、ある出来事を思い出しました。そこはとても味のいい店で、当然のように食が進み、その場にいた全員がすでに満腹でした。が、私にはまだ、味見してみたいものがありました。その店の隠れた名物だという、トンポーロー

参考文献：宮川町ホームページ
http://www.miyagawacho.jp/aboutus.html

がのった中華風のカレーライスです。ご案内くださった地元の方に「ごはんを半分にしてもらって頼んでもいいですか」と聞くと、「そんな京都みたいなことはしてくれないよ」と諌められてしまったのです。そう愚痴をこぼすと、林さんが笑いながらおっしゃいました。

「まあ、京都の人は、最大限の提案をしはりますわ。これ入れて、あれ抜いて、それをあれに変えて持ってきて、ってね。要は一点モノ、自分だけのモノが好きなんでしょうね。なじみでありたいというか、店と深い関係でありたいというか。僕は生まれも育ちも宮川町やから、それが普通ですけどね。できひんことはできひんし、できることはやらしてもらうだけです」

　新型コロナで人影が消え、まちが冷え切っている間も、宮川町の人々は特に変わらず、店に食べに来たり、出前をとったりされていたそうです。きっとこの店が「外食の店」ではなく、失うと困る「台所」だからでしょう。会えないと思った人が会いたい人だと再確認したように、行けないと思った店が自分にとっては失うと困る店なのかもしれません。それは、新型コロナと暮らす日々の中で得られた、何か新しい感覚でした。

——二〇二〇年八月　京都「グリル富久屋」にて

いつも明るい林寛さん。舞妓さんから「おにいさん」と呼び慕われます。

江戸料理の真髄を体現する、小股の切れ上がった鍋料理。東京の味の、さらに奥まったところへ誘われます。

御料理 山さき（東京・神楽坂）

朝起きると、居間のすぐ外のベランダに置いてある朝顔の鉢二つを見に行くのが毎夏の習慣になっています。ぱあんと咲いた紫、青、臙脂《えんじ》、白、色とりどりの花が開く様子はラッパにも花火にも見えて鼓舞されるのですが、この夏はとりわけ目にまぶしく刺さります。息を潜めるようにして暮らした春が、あったような、なかったような。いきなり夏がやってきて、世界はいぜんコロナ禍のただなかにあります。姜さん、お変わりなくお過ごしのことと思います。

宮川町「グリル富久屋《ふくや》」をめぐるお話、たいへん興味深く拝読しました。「一軒家のように密接な関係で成り立っている」花街。可憐なフクヤライスへの、芸妓さんやまちの人々の「最大限の提案」。「わがままの的《まと》」という言葉にも親密さが炸裂していて、思わず噴き出しました。いつか必ずやフクヤライス、と心のメモに大きく書きました、極太のマジックインキで。

姜さんとの手紙のやりとりを始めたときから〝ぜひ〟と考えておりました。神楽坂はかつて東京の花街のひとつとして華やいだ土地で、いまも石畳や石段、大小の坂が独特の風情を醸し、「山さき」は神楽坂をまっすぐ上がって毘沙門天の向かい、路地を入ったビルの二階にあります。夏を迎えると、旬のあいなめの鍋、いわしのつみれ鍋、モウリャウと呼ばれる水炊きの原型ともいうべき卓袱《しっぽく》料理の鍋。九月に入れば松茸と牛肉の鍋、十月はねぎま（葱とまぐろ）鍋、冬はふぐ鍋、年が明けると寄せ鍋……季節に寄り添って進みます。江戸では、鍋は一膳飯屋や居酒屋など庶民が集う店で食べられていました。身近な素材をさっと煮る食べ方が、せっかちな江戸のひとびとの気風にぴたりときたのでしょう。池波正太郎の時代小説にも鍋料理があれこれ登場し、江戸気分を盛り立てています。

東京の歴史を遡れば、昭和、大正、明治の向こうに江戸。ご承知の通り、鮨、そば、天ぷら、蒲焼などの屋台料理をはじめ、江戸期に華開いた食文化のあれこれは現代の食生活の礎ですし、東京の食べ物を語るには、日本料理がめざましく発達した江戸時代をはずすわけにはいきません。

江戸料理とはなにか。「山さき」の料理について語るためには、まずこの問いに答えなければなりませんが、では、なにをもって江戸料理とするのか、定義を求めるとこれがなかなかむ

ずかしい。江戸文化が爛熟を迎えた文化文政期を頂点として、たとえば『南総里見八犬伝』を著した曲亭馬琴は、上方を訪れたさいの紀行文『羇旅漫録《きりょまんろく》』で、料理について「江戸人の口にはあはず」と、いやにきっぱりと断じています。いっぽう、大坂から江戸へ居を移した喜田川守貞は、上方は「淡薄の中にその物の味あり」、江戸の味は「口に甘く旨しといへども、その物の味を損ずに似たり」（『守貞謾稿』）と比較しつつ評しています。往時の文人墨客の味覚に触れて興味ぶかいのですが、それはさておき。江戸の味が濃いめなのは、「諸国の入り込み」といわれて巨大都市化し、働くひとで成り立っていたから。海山の食材が庶民の食卓をにぎわせ始めた背景には、魚市場や青物市場、あるいは水路や街道など流通機構の整備がある……江戸時代に思いを馳せると、都市が着々と築かれ、むっくりと立ち上がるさまが瞼《まぶた》の裏に浮かび、ぞくぞくします。江戸料理には、想像を刺激する力も潜んでいるのかもしれませんね。

　さて、幕藩体制が二百六十五年続いた江戸期から一転、現在に目を向けて「山さき」です。店主は山崎美香さん。かつて東京・大塚にあった江戸料理「なべや」で八年間修業したのち独立、「山さき」の開店は二〇〇二年。江戸料理の研究家でもある「なべや」店主、福田浩さんのもとで研鑽を積んだ経験は美香さんにとって大きな財産に違いありませんが、私がまず感嘆するのは、美香さんの料理が持つ潔さ、きっぱりとした輪郭、無駄のなさです。

　たとえば、ねぎま鍋。江戸料理のアイコンでもあるこのシンプルな鍋を「山さき」でいただくと、時代を背負った料理を食べている気がしません。鍋の中身は、まぐろの赤身、ねぎ、クレソン。鍋が煮え立つと、きりっと鰹だしの香りが立ち上がり、いただく前から魅了されます。まぐろの赤身の思い切った厚さも大胆不敵。ことごとくエッジの立った、そう、小股の切れ上がったかっこよさ。去年、ドイツにおける日本文学研究の第一人者の大学教授が来日なさったとき、帰国前に「山さき」にお連れしたのですが、このねぎま鍋を味わいながら、「いまの東京でこんな美しくて色っぽい料理に出逢えるなんて」。驚愕しながら箸が止まらない彼女の喜びようが忘れられません。夏のあいなめの鍋にしても、骨切りしたあいなめの大ぶりの身、素揚げした身、湯葉、水菜、すっきりと四つだけ。そのぶん、あいなめという魚の持ち味がクリアで深い――これぞ〝「山さき」体験〟です。

美香さんは言います。

「江戸期に書かれた料理の本は数多くありますが、名目通りにつくってみても、醤油、味噌、酢などの調味料、食材にいたるまで当時とはすべて違います。また、文献に残る料理を再現するだけでは枠組みができてしまい、つまらないと思うのです。『なべや』で学んだ江戸の味を基盤にしながら、いま自分がなにをつくれるか、そのことを考えながら料理をしています」

江戸と現在を行き来しながらの料理。ともすると複雑だったり回りくどくなったりしがちな現代の料理に江戸や鍋料理という補助線を引いてみれば、おのずと浮かび上がってくる簡素、率直、飾り気のなさ。いまどきの言葉に置き換えれば「シンプル」のきわを見定めています。手をかけ過ぎず、いま手に入るうまいものを引き寄せ、誂える。修業時代、茶事の懐石や点心を手掛けていた経験からもてなしの心について多くを学びました、と美香さん。

　華やぎとは対極にある「山さき」の料理を〝家庭料理〟になぞらえたりする向きもあるようですが、それは見当違いだと思うのは、素材ひとつとっても明らか。豊洲市場に足を運び、自分の目を信じて上質を見定める仕入れは、プロならではの仕事です。たとえば、さば。丸々と太って脂の乗った日本海のさばより、使いたいのは赤身がきゅっと締まった相模湾あたりの小ぶりのさばだそうです。これは私の勝手な想像なのですが、素材にしても、料理の方法にしても、美香さんの眼は手垢のつきがちな思惑や好悪を洗いにかけている、そんなふうに感じられます。長らく江戸と対話していると、目先のよしなしごとから自由になれるのかな、とうらやましく思ったり。

　料理人としての自分をどんなふうに思っていますか。率直に訊いてみました。

「頑固だと思います」

店主の山﨑美香さん。

にこっと微笑んで、きっぱり。一本筋の通った姿勢が、鍋の潔い佇まいに重なります。独立独歩でやってきたとはいえ、自分の店を持ってから十八年、紆余曲折もありました。築地市場に単身飛び込み、周囲に助けられながらの学びの繰り返し。開店以来十五年間、厨房で右腕を務めていた女性の急逝。料理業界とのつきあいもとくにないし、このままでいいのだろうかと迷ったこともあるんです、とも。目下のコロナ禍、予約を制限しながらの営業にもやはり苦しさがあります。

「でも、お客さまに支えていただいています。足繁く通ってくださる方、偶然の巡り合わせや不思議なご縁、恵まれているなあと思います」

「山さき」の居心地のよさに、私は、お客さまに愛されているお店ならではのなごみを感じます。ここは、味わいを通じて江戸という時代と交わる場所でもあります。

――二〇二〇年九月　東京「御料理 山さき」にて

かりりと香ばしく焼き切る岐阜県益田川の鮎。塩焼きに蓼酢を添えて。

「真のすぐき好きは、夏越《なごし》を狙う」。

その謎めいた言葉の意味、満を持して、お知らせします。

すぐきや六郎兵衛（京都・上賀茂）

「御料理 山さき」の鍋、たまりませんね。小ぶりな鍋、清潔感のあるだし、ねぎまにクレソン。ちょうどほおばるくらいの大きさに切り出されたあいなめの切り身ひとつにも、おいしいものを知る人の「手」を感じます。京都の鍋は長っちりの水炊きですから、この潔さと軽やかさは、ちょっとこちらにないものです。昨冬、浅草の「どぜう 飯田屋」にて平松さんとご一緒しましたが、あの時も「鍋を一枚と数えるとは、粋だなあ」と感動したものです。

「粋」という字を、江戸では「いき」、上方では「すい」と読みますね。近代琳派を代表する神坂雪佳《かみさかせっか》の研究で知られる美術史家、榊原吉郎《さかきばらよしお》さんによれば、「江戸琳派」と京生まれの「琳派」を識別するキーワードも、「いき」と「すい」だそうです。「いき」は瞬間的な場に誕生し、活動的な外へ動き出す力を含むもの、「すい」は永い時の流れから生まれ、内に深く馴染むような静的な環境で育まれるもの、というのが榊原さんの見立てです。山﨑さんから発せられた数々の言葉を読んだ時、この「いき」の定義を思い出しました。江戸料理の歴史を十分に吸い込んだ上で、「では今日、私は何を作るのか」と仕切り直す。その瞬間的で溌剌《はつらつ》とした態度の繰り返しに、今の東京流の「いき」な味というものも宿るのだろうな、と想像しています。

　では、京都の「すい」な味とは何でしょうか。私は、その一つに「すぐき」を挙げたいと思います。生のままでは歯が立たぬほど硬いすぐき菜を、塩のみで漬けてじっと待つ、まさに「永い時の流れから生まれ、内に深く馴染むような静的な環境で育まれた」漬物。「すい」という言葉に「酸《す》い」という字を当てたくなる、上賀茂地域に古くから伝わる発酵食です。

　私は、すぐきが京都の漬物の中で最も好きです。乳白色のかぶらの厚切りと深緑色の葉の刻んだのが半々に盛られた皿が食卓にあると、子どものようにごはんを大盛りにしてしまいます。歯に心地よいかぶらの食感。舌の上にじゅわっと広がる塩気と酸味。ほのかにあと引く乳酸系の甘みと香り。かぶらの部分はお茶漬けのお供に、葉の部分はぽん酢で湿らせ、すりごまを混ぜ、熱《あつ》ごはんの上にまぶしてかき込むのが好物です。中国東北地方の白菜の漬物「酸菜《さんさい》」に味わいが似ているので（平松さんもきっとお好きですね）、最近は「酸菜白肉鍋」風に、ゆでた薄切りの豚ばら肉でかぶらの細切りをくるっと巻いて食べるのがお気に入りです。

　通常、漬物は漬物屋さんが野菜を仕入れて漬けますが、すぐきを漬けるのは、基本的に上賀

すぐきや六郎兵衛
すぐきや
六郎兵衛

177　すぐきや六郎兵衛

茂地域のすぐき農家さんです。すぐきは、野菜を育てた農家さん自身が漬けるという、変わった来歴を持つ漬物なのです。上賀茂橋東詰の「谷寛《たにかん》」、社家町《しゃけまち》の「御《おん》すぐき処《どころ》京都なり田」、京都三条会商店街で上賀茂野菜を販売する「中巳《なかみ》農園」など、好きなすぐき農家さんの名前ならスラスラと出てきますが、今回は、特にお気に入りの「すぐきや六郎兵衛《ろくろうべえ》」をご紹介します。

上賀茂神社の鳥居前にあるこの店を知ったのは、手製のぬか漬けを食卓に欠かさない幼馴染のお母さんに教わったのがきっかけです。「すぐきは六郎兵衛さんで買うんよ。あれだけは家で漬けられへんからね」という一言に、「特別な漬物なんだ」という記憶が刻み込まれました。それを機に、私もここのすぐきをシーズンである冬が来るたび楽しむようになりました。

ところが、あれは十年ほど前。「今年のすぐきはいつまで買えそうですか」と電話で尋ねた折、ご主人らしき方が「冬を過ぎても、自然の気温で発酵させた『時候漬《じこうづけ》』（177頁）が年中ありますよ」と教えてくださったのです。そして決め手の、この一言。

「特に、お盆過ぎの時候漬は最高にうまいです。僕らは『夏越《なごし》のすぐき』と呼んでます」

京都の冬の風物詩として、重石をつるした五、六メートルもの天秤棒をしならせながら木樽の中のすぐき菜に圧力をかける「天秤押し」の光景を、平松さんもテレビや雑誌などで見られたことがあるかもしれません。そのイメージ通り、すぐきが買えるシーズンは、京都でも十二月から四月頃とされています。ところが、電話の声の主である七代目の岡田孝司《たかし》さん曰く、すぐきはもともと夏の珍味だというのです。かつては、初冬に収穫したすぐき菜を塩漬けにし、徐々に上昇する気温を利用して自然発酵させたものを夏に食した、と。

驚いた私は、夏越のすぐきを入手できる八月のお盆過ぎをもどかしく待ちました。そして、冬の白いすぐきとは異なるべっこう色のかぶらを口にし、そのしなやかな歯ざわりと味蕾《みらい》にしみる複雑な酸味に、すぐに夢中になりました。

岡田さんによれば、すぐき菜栽培の始まりは約三百八十年前。上賀茂神社の神職者が、賀茂川の河原に自生していた植物を持ち帰り社家（上賀茂神社の神職者が代々住む屋敷）の庭で栽培した説と、宮中に献上された植物をもらい受け社家の庭で栽培した説があるそうです。

「いずれにせよ、社家で栽培していた頃は、御所に献上したり、贈答品に使うため、種も栽培方法も門外不出とされました。それが、江戸末期になると、社家が小作農に自分たちの農地を譲り、すぐき菜の種を分けて栽培させ、すぐきも漬けさせた。その流れが、今も上賀茂の農家に受け継がれているんです」

門外不出とされた種は、今では入手できる場もあるそうですが、やはり上賀茂以北の日当たりと寒さがないと、かぶらが大きく育たないといいます。

「うちも初代からずっと、すぐき農家であり、すぐき生産者です。祖父の時代にはしばしば漬などの漬物も手がけ、西陣や室町の呉服店のお家のぬか床に漬物を追い足す『漬け納め』をしたり、

店のすぐき作りを長年手伝うすぐき農家、中本和仁さん宅の室。右が岡田孝司さん。

料理屋さんに漬物を納めたりしてました。そのうち親父が本格的に漬物の製造卸を始めますが、昭和四十年前後、百貨店から、着色料を使って見栄えのする商品を作れ、としきりに言われるようになりましてね。親父はそれに反発して、神社から譲り受けたこの厩舎で、直接小売りできる店を始めたんです」

　岡田さんの父であるこの六代目が、岡田六郎兵衛さんです。六代目が家業を継いだ大正末期、すぐきは、夏に向けて自然発酵させる方法から、すぐき菜の収穫時期である冬の間に、炭火や練炭を熱源とする「室《むろ》」という部屋で人工的に発酵させる方法が主流となっていました。お歳暮に間に合わせるためです。ところが発明好きの六代目は「すぐきは生き物。人間と一緒で二酸化炭素を吸わせるのは良くない」と、昭和四十年、研究の末

参考文献：榊原吉郎「をぐら歳時記『琳派創成四〇〇年が伝える美意識』その二」(長岡京 小倉山荘公式ブランドサイトより)
http://ogurasansou.jp.net/columns/saijiki/2015/07/01/4146

に電気室を完成させます。より安定的に発酵させられる電気室は上賀茂の農家さんに瞬く間に普及。こうして十二月から四月頃に出回るすぐきは新漬と呼ばれ、冬の風物詩となりました。一方で、古漬である時候漬の文化も残したところに六代目の先見の明を感じます。

十二月に仕込んだ時候漬は、四月下旬には漬け上がります。その後、夏に向けて本格的に発酵が進むさまを見守りつつ、売り切れ御免で販売していきます。

「八月のお盆過ぎに夏越のすぐきが始まると、二ヶ月おきに買って味の変化を楽しまれる方も多いです。肌の白い冬の新漬では物足りん、とね」

「真のすぐき好きは、夏越を狙う」。時候漬をまだ知らなかった頃、京都のある茶葉屋さんのご主人がおっしゃっていた言葉です。あれは夏越のすぐきのことだったのです。このまちに暮らしていると、こういう「ずうっと後になって意味がわかる」という経験をよくします。この感覚は一種のカタルシスです。

十月以降、時候漬は、酸味を極めます。十二月まで時候漬が残っている年には、それを知る通な方が、お歳暮に新漬と古漬をセットにして贈られるとか。もし、運よく今年の十二月まで時候漬が残っていたら、平松さんに「新漬と古漬の食べ比べセット」をお送りしますね。

――二〇二〇年十月　京都「すぐきや六郎兵衛」にて

「東京の味」を知るなら、ここ。自由と闊達さを支えるのは村上家代々の信念です。

ドーカン（東京・麹町）

日いちにちと空気の冷えが身に染みてきます。十一月の声を聞くとにわかに気持ちが急いてきますが、でも、今年は春からの毎日が速く感じられて。この往復書簡を始めた二年前は、世界中がコロナ禍に喘ぐなど夢にも思いませんでした。しかし、京都と東京の「遺したい味」について読み書きしながら、人間はどんな状況下でもそれぞれの日常を更新しながら生きる、その強さを再確認してきたようにも思っています。

いよいよ東京編の締めくくりは、麹町《こうじまち》「ドーカン」。私が東京らしさを考えるとき、かならず名前を挙げたいお店です。前回、江戸は「諸国の入り込み」と書きましたが、種々雑多な情報やモノが混在する都市にあって、図抜けて「東京の味」を体現する存在だとつねづね考えています。

創業は昭和六十一年、店主の山本道子さんがニューヨークから帰国後、カジュアルな飲食店を開こうと思い立ちました。「ドーカン」という名前は、言葉の意味から離れ、軽快な音の響きが気に入って選んだそう。私が「ドーカン」を知ったのは九〇年代半ばでしたが、洋食でも和食でも流行りの無国籍料理でもなく、枠を超えて自由、洒脱、闊達。そして、どこかに「日本」の気配がある。チリご飯、とりとキノコのクリーム煮ご飯、そばサラダ、ワッフル、プラムの赤ワイン煮……カジュアルでありながら、いずれも背骨が一本くっきりと通った味に都会的なインパクトを受けましたが、その持ち味はいまも変わりません。

道子さんは一九四五年生まれ、東京育ち。「村上開新堂」五代目でもあるとご紹介すると、なるほど、と膝を打たれるかもしれませんね。そう、「ドーカン」の料理と味の源流は、明治七年、初代・村上光保が開店した宮内省御用達「村上開新堂」にあります。初代は、明治政府の命を受けて横浜の居留地で西洋料理と西洋菓子を学んだ西洋の食文化の伝道師ともいえる人物。明治十六年落成の鹿鳴館でガトウ、アイスクリームなどを出し、明治中期には洋館の二階に「サロン・ド・テ」を開設するなど、時代を切り拓きました。ここで「村上開新堂」の歩みをくわしく述べる紙幅はありませんが、「村上開新堂」は、関東大震災や戦火によって何度も店舗を焼失、戦時下では甘味嗜好品が禁止され、砂糖の配給も中止されるなか、代々洋菓子店を守り続け、レストランを築いたのですから、村上家の苦労は並大抵のものではなかったはず

Dohkan

です。

　時代の荒波をかいくぐりながら、脈々と受け継がれてきた有形無形のもの。そのひとつが道子さんの味覚や考えかた、人となりだということを、このたびあらためてお話を伺いながら、強く感じました。

「祖父（三代目、二郎）は日本で初めて抹茶を洋菓子に使った人物ですが、ただ抹茶の風味が目新しいから、というのではないのです。とにかく自分の舌が納得する味に絞り込んでゆく厳しさはすごかった。私は物心がついて以来、祖父が味見するときにつぶやく言葉を聞きながら育ったのですが、辛辣で厳格でした。じかに聞く言葉をつうじて、祖父はなにを是としているのか、なにを認めないのか、自分なりに懸命に考えようとしていました。骨格がない、味の決まりが悪いものを祖父は認めませんでしたが、いっぽう、フランス菓子そのままではなく、日本人が楽しめるお菓子をつくるという信念がありました」

　むやみに新しさになびかず、軸足はつねに日本人としての自分。道子さんがじかに受け取った教えです。家族のお祝いごとや特別な日に祖父みずからつくってくれた〝パイの被せ焼き〟やオードブル、コンソメは、四代目を引き継いだ道子さんの両親にとっても味の核心の引き渡しだったでしょう。ただし、贅沢というのではなかった。道子さんは、著書にこんなふうに書いています。

「私の子供の頃、戦後の大混乱の時代には、忙しい母の手間にならないようにと、どんぶり飯でした。美しく食べるゆとりなど無かったのです。それでも、祖父の食べ物に対する美学があって、素材の美味しさと真正面から向き合う姿勢がありました。そこに、我が家らしい食卓の景色があったように思います」（『村上開新堂Ⅱ』講談社　１８８頁の写真も同書より）

　結婚後、夫の赴任先のニューヨークに五年間滞在したのち、七四年に帰国すると、道子さんは四世代一家七人の食卓を一手に担います。主婦として家族が「食べて生きる」日常を背負ったわけですが、このとき培われた生活感覚が「ドーカン」の味の背骨になっていることは、のちほど触れたいと思います。もうひとつ、大きな財産となったのが、八〇年代に引き受けたキッコーマン主催の在日外国人を対象にしたレシピコンテストや、各国大使館や公使館の協力のもとで開かれた世界の料理講習会に関わった経験でした。外国のナマの食文化に触れながら思考をめぐらせ、あらたに磨きをかける才覚は、それこそ村上家のお家芸。帰国して十年後に「ドーカン」が誕生するのは必然の流れでした。

　九九年に出版された料理書『かくし味は、しょうゆ』（文化出版局）には、現在も「ドーカン」の顔となっているメニューがたくさん紹介されています。たとえば、イタリア料理のカチャトーラを連想させる「鶏のトマト煮ご飯」。香味野菜をベースにしたトマトソースに、もうひと味の深みを求めて醤油を少し。あるいは、「ポークご飯」（１８５頁）のレシピにもトマトケ

左から、祖父・二郎さん、母・寿美子さん、姉・由希子さん、父・發さん、祖母・満都さん、そして道子さん。

チャップ、醤油、ディジョン・マスタード、レモン、酢などが絶妙のバランスで組み合わせられています。じっさい、「ポークご飯」（私も長年の大ファンです）をいただくと、いつもはっとさせられます。トマトの風味をきゅっと鋭角的に引き締めるレモンや酢がスマートで、あの立体的で洒落たおいしさの背景にはディジョン・マスタードや醤油がある。レシピって、人柄そのものですね。

週替わりのランチメニューは、とても思い切りがいいのです。定番の豚肉の甘辛丼、チリご飯、ポークご飯、とりとキノコのクリーム煮ご飯、具だくさんスープセットなど。どこかに家庭料理のニュアンスが感じられてほっとします。

「ムードで書くメニューはあまり好きじゃないんです。大切にしているのは、スッと受け容れていただけて、日常に収まりがいいこと。そこを外れちゃうとリラックス感が削がれてしまうから」

年齢層の広いお客さまがいらっしゃるので、伝わりやすさや安心感を大事にしています、とも。味の決めかたにしても、自身に言い聞かせているのは「胃の腑にちゃんと落ちるかどうか、自分の納得があるかどうか」「端正になり過ぎない」……道子さんの料理には、どこかに生活者の視点があります。

とはいえ、これだけ流行の移り変わりが激しい東京の中心にあって、定番の料理が新しさを失わないのは稀なこと。その理由は奈辺にあるのでしょうか。

「クッキーひとつとっても、いまは機械が進化していますから、熱の通り具合も均一で、昔より品質の高いものが出来やすいのです。そのため、画一的な味になりやすい。ですから、つねに『うちのお菓子』『うちの料理』を意識していなければ、ほかにもありそうなものになってしまう。見栄えのよしあしではなく、これがうちのお菓子だという意識がぱちっとありますが、と同時に、食べて落ち着く根幹をもっていることが大切だと思っています」

七十代の道子さんが、おだやかに、きっぱりとおっしゃる言葉に痺れました。

「終わったことは考えないんです、成果のうえで前に進んできているはずだから。あのとき輝いていたのに、いま輝いていないのは嫌なんです」

まちに対して開かれた存在でありたいという言葉そのままに、「ドーカン」には清新な空気が流れています。東京の「遺したい味」は、いつも前を向いている。この確信を胸に置きながら、二年にわたる姜さんとのやりとりを締めくくることにいたします。ありがとうございました。

――二〇二〇年十一月　東京「ドーカン」にて

飲食店とは、何か。
「京都の味」はいつも、ものの始まりを教えてくれます。

一文字屋和輔（京都・紫野）

師走が駆け足でやってきました。お便りするのも、いよいよ今月で最後です。

平松さんもお書きのように、「遺したい味」について綴るこの往復書簡の半ばで、生活様式が変わるほどのパンデミックに遭遇するとは、私も想像外でした。京都でも、新型コロナによる混乱の中、静かに消えていった味や店があります。そのあっけなさに、遺したい味を書こうとする筆が重くなることもありました。

それでも私たちの二〇二〇年は過ぎてゆきます。その非情さをはね返すべく、「飲食店の原点」というものを力強く感じさせるこの店をご紹介して、締めくくってみようと思います。

「一文字屋《いちもんじや》和輔《わすけ》」は、今宮神社の東門参道沿いにある茶店です。作って売るのは「あぶり餅」（193頁）のみ。きなこをまぶした親指大の餅を竹串に刺し、炭火であぶり、白味噌のたれを絡めた、素朴な、でも他のどこにもない味わいの餅菓子です。先が二股に分かれた竹串から餅を歯でそっと引きはがすと、焼き焦がした餅の香ばしさ、きなこ独特のざらつき、白味噌のまったりとした甘じょっぱさが口いっぱいに広がり、ほっぺがたれ落ちそうなおいしさです。

　私などは店で一人前をいただき、お土産を三人前包んでもらうのが常ですが、家に帰るや我慢できずにお土産も一人で平らげてしまいます。食い意地が張っていてお恥ずかしい。しかしそんな風に、人を夢中にさせる味なのです。だから毎回、新鮮に驚きます。この味が、平安時代からあることに。

　創業は長保二年。西暦にして一〇〇〇年、なんと平安時代の中期です。店を代々守るのは長谷川家。子一人に奥義を伝える「一子相伝」ではなく、血のつながりのある一族に伝え継ぐ「血續《けつぞく》」という形をとることで千年以上、続いてきました。長谷川家の子は幼い頃から男女等しく店を手伝います。当主には一族の男を選びますが、男は外で稼ぎ、女は店を守るのがしきたりだそうです。

　現在、女将として店を守るのは二十五代目当主の妹、長谷川奈生《なおみ》さんです。応仁の乱で今宮神社に逃げ込んできた民衆にあぶり餅を振る舞ったとか、千利休があぶり餅を茶会の菓子に使ったなど、長谷川さんから聞く家伝には、どんな昔話もかなわないリアルさと魅力があります。樂九代の了入《りょうにゅう》に学び、「鶴亭」の名で「紫野焼《むらさきのやき》」という一代限りの窯を大徳寺の塔頭《たっちゅう》に開

いた当主もいたそうで、茶の世界にも出入りが盛んだったようです。

「いうても口伝《くでん》ですので、確たる文献はないんですが……。現存する中で店の歴史を示す一番古い史料は、安永九年に出た『都名所図会』。今宮神社の絵に小屋みたいなうちの店が載ってます。あとは手掘りの井戸でしょうか。下り井戸とかまいまい井戸ともいいますが、大学の先生が地質調査をしてくださって、水が湧いてる底の地層は確かに平安時代のもんやそうです」

長谷川家の先祖は、平安京に疫病が流行った一条天皇の時代より、疫神を祀る今宮神社の供《く》物《もつ》を担ってきました。現在も、疫病鎮圧を願う今宮祭、やすらい祭をはじめ、祭礼や神事に奉仕しながら茶店を営み、疫病よけの菓子であるあぶり餅を参詣者に供しています。千年以上前より菓子と茶を供してきたことから、「現存する日本最古の飲食店」ともいわれてきました。

「十九代が書き遺したものによると、疫病の流行当時、私どもの先祖が今宮神社の疫神に餅をご奉納し、おさがりを焼いて家の者や氏子さんらと食べたそうです。たくさんの方に食べてもらえるよう、餅を小さくちぎってね。すると疫病から逃れられたので、古くより船岡山の麓にあった香隆寺《こうりゅうじ》の『おかちん』という名物餅にならい、今宮神社にご奉納した餅と斎串《いぐし》であぶり餅を始めたと聞いてます。最初は餅をあぶっただけやったともいいますが、白味噌は平安時代にありましたので、早い時期から甘みづけで使ってたんではないでしょうか」

私は、この由緒の「餅を小さくちぎって、たくさんの人に食べてもらおうとした」というくだりが大好きです。飲食店はいつの時代も庶民の方を向いている。そんな風に感じます。新型コロナで飲食店が打撃を受けているとの報道を目にしていた頃、私はよく「飲食店の始まり」に思いを馳せることがありました。その時、脳裏に浮かんでいたのが、一文字屋和輔です。

　というのも、以前、ある取材で長谷川さんと交わしたやりとりが、今も忘れられないのです。あぶり餅といえば、店を入ったところにある小上がりのような台にござを敷き、その上に直にきなこを広げて、三、四人の女性が素手で餅を次々と竹串に刺していく「餅刺し」の光景が名物です。ふと気になった私は、「最近、保健所の立入検査が厳しいらしいですが、何か言われたりしませんか？」と尋ねました。すると、長谷川さんがおっしゃったのです。

「言われますけど、保健所さんができる前からこのやり方ですのでねぇ……」

　はっとしました。ござにきなこは、ちぎった餅がくっつかないようにするための知恵。今、餅とり粉によく使われる片栗粉の原料であるじゃがいもすら存在しない時代に、ござときなこで工夫をしたのが、あぶり餅なのです。保健所という概念ができたのは、そのずっと後のこと。何ごとにも「ものの始まり」がある。そのことを強く意識する契機となった体験でした。

　姥目樫《うばめがし》の備長炭が真っ赤にいこる、餅をあぶるための「焼き台」も同様です。今は店の軒先で火をおこすことは法律で禁じられており、ござにきなこの餅刺しと同じく、特別に許可をもらう必要があるといいます。店の語源は「見世棚《みせだな》」です。見世棚とは、商品を並べて見せるために建物の軒先に設けた棚のこと。転じて、平安末期頃から京の町に現れた常設の小売店を指します。この焼き台には、まさに「生ける見世棚」と呼びたい名残を感じるのですが……。

「やはり今を生きてますのでね、昔のまんまで続けるためには勉強させていただかないといけないのかなと。防火管理者の資格、食品衛生責任者の資格、調理師免許、ぜーんぶ取りましたよ。その上で、許可をいただいて続けてます」

しかし、そんな長谷川さんの「昔のまんまで続けるための努力」も新型コロナに水を差されます。店に活気を呼び込んでいた餅刺しを、感染予防のためお客さんの行き来のない店奥でやることになりました。参詣者は激減。厳しい状況です。

「この状態が続いたらどうしよう、と当主の兄と相談したこともありました。そしたら兄が、元へ戻ろう、と。今みたいに店を毎日開けるようになったのは戦後のこと。あぶり餅はもともと、京都の町衆がお千度詣りする一日と十五日、それから今宮神社の神事や行事に寄り添う形でご奉仕してきたものです。今は氏子さんや地域の皆さんに支えられてなんとかやっておりますが、いざとなったら原点に戻ろう、と。千年もやってれば、そんなこともあるやろ、と」

あぶり餅は１人前11本。最後に白味噌だれを絡めます。このたれを炊けるのは長谷川家の者のみです。

水は飲食店の命。毎朝、店の中心にある手掘り井戸に祀った弁天さんに三宝を供えます。

原点に戻る。このまちの口癖です。

「東京の味」は前を向いている、と平松さんは書いていらっしゃいました。それにならうと、「京都の味」はうしろを見ている、かもしれません。

ものの始まりを忘れていないか。奇抜でないか。暮らしになじんでいるか。京都の味は、常にそれを確認しているところがあります。それによって生まれる、ある種の変容の遅さを、私はいやだと思いません。

店に行けば同じ味が用意されていて、いつでも分けてもらえる。まちのどこに何があり、どんな味かわかっている。だから、安心して暮らせるのです。

平松さん、床《しょう》几《ぎ》に腰掛け、あぶり餅を食べながら、東京の味と京都の味について語り合える日が、近く訪れますように。二年間ありがとうございました。

——二〇二〇年十二月　京都「一文字屋和輔」にて

往復書簡を終えて——わたしが遺したい味

「遺す」ということ

平松洋子

　いったん失ったら、大事なものは戻ってこない。流れる空気から色が抜け、まちの匂いは薄れる。そのあっけなさがせつない。何十年も見知ってきた建物が壊されて跡地にあたらしい風景が現れたときなど、自分の網膜に刻まれていたはずの詳細がどうしても呼び戻せず、愕然とすることがある。

　油断のならない時代に生きていると、つくづく感じる。うっかりしていたら指のあいだをすり抜けるもの、失われてゆくものが多すぎる。コロナ禍中、まさかと絶句しながら突然の閉店や休業の現実を知り、何度となく喪失感に打ちひしがれてきた。なのに、なにもできない自分が歯がゆい。せめて、この容赦のない変化のなかでだいじなものが消えていかないよう、精いっぱいの思いを「遺す」という意思に込めたい。

　東京に長く暮らしていると、ものごとの進みの速さにひるむことしばしばだ。都市のインフラにしても、成長という名前の利便性やスピードがひたすら求められてきた。そもそもスクラップ・アンド・ビルドは、東京のお家芸。明治期に入って丸の内界隈や東京駅に赤煉瓦の洋風建築がとつぜん現れ、関東大震災を受けて木造家屋が倒壊し、戦時下では、たび重なる空襲によって焼け野原になった。復興ののち一九六四年、東京オリンピックの開催にさいして首都高速道路や地下鉄の開通など大がかりな都市改造がおこなわれると、これまで都心の地形を形成していた隅田川や神田川などの川や水路が塞がれ、あちこちから水辺が消えていった。つまり、ほんらいの自然環境を失うことによって、東京という都市の骨組みがつくられていったのである。しだいにコンクリートや新建材があふれ、今日にいたる。空へ向かってにょきにょき伸びる建築が高さを競い合い、それを「都市の成熟」とみなしてきた。

　しかし、新しければいいというのでもなく、では古ければいいというのでもない。まちは、今日性と伝統や歴史とのあいだで押し引きを繰り返し、そのときどきのバランスを取りながら変化を受け容れる有機体である。

　本書は、いまこそ遺したい店と味、東京と京都、これらの要素を重ね合わせながら続いた二年間の連載を編む一冊である。東京編は、十八歳から四十余年間住み続けている私が担当した。星の数ほどの店がひしめく東京にあって、わずか十二軒の店と味を選ぶのは大海の一滴をすくう行為に等しいと自覚しているが、まず意識したのは、その店が東京という土地の深層に分け入る存在であること。たんにおいしい店、好きな店なら枚挙にいとまがない。しかし、まちに堆積する時間と空間を旅する杖になり得るかどうか、存外むずかしい。あの店、いやこの店だと悩ましく、選択は容易ではなかった。また、姜さんとの往復書簡の形式を取ることによって、東と西の相関関係がおのずと生まれていったようにも思う。京都もまた無数の店が鎬《しのぎ》を削り合う土地だけれど、そのなかにあって姜さんならではの愛情深い視線が注がれる店は、路傍に咲く茎や根っこのつよい野の花を思わせる。飾らず、奢らず、まちの現在を更新する篤実な働きぶりを手渡されることがとてもうれしかった。

　さて、いつ、どんな時代にあっても、文化の諸相はまちの集合体によって生み出されている。東京についていえば、江戸城下が整備されて大がかりな都市化をたどる江戸期には、商いや信仰の場として日本橋、神田、上野、浅草あたりが一段とにぎわった。本書で取り上げた小川町「神田まつや」のある神田界隈は、本のまちとしても活気づいているが、そもそも江戸幕府によって武芸修練所や剣術道場が置かれていたのだから、学びの気風がおおもとに流れている土地柄なのだ。あるいは「ぽん多本家」「シンスケ」がほど近い東京名所のひとつ、上野公園は、新政府軍と彰義隊による上野戦争によって徳川将軍家の菩提寺である寛永寺が焼失、その跡地につくられた。西側に広がる不忍池は、上野台地を流れていた川によって形成されている。「ぽん多本家」や「シンスケ」の佇まいや店の流儀にちゃきっと潔い〝東京ふう〟を私たちが汲み取るのは、東京という土地の厚みを感じ取っているからなのだろう。あるいは、内外の観光客を集める浅草では、浅草寺は江戸の人々の篤い信仰を集め、大正から昭和にかけて演芸や遊興のトポスであった。明治期からどぜう鍋を守り続けてきた浅草「どぜう 飯田屋」の暖簾をくぐるとき、私たちは時空の扉に手を掛けている。

　東京オリンピック以降、繁華なまちは六本木、赤坂、青山、原宿、渋谷、新宿、池袋あたりまで拡がった。とりわけ都会的なエリア、麻布十番にある「たぬき煎餅 本店」の味は、いかにも東京風の煎餅といえばそうに違いないのだが、その味の核心をなすのは、麻布十番というまちに腰を据えて育んだ商いの原点だ。新宿「随園別館 新宿本店」にしても、外に向かって開放された新宿という土地柄があればこそ、中国・青島に端を発する家族の道のりは花開いていった。根ざす土地を選ぶ眼力もまた商いの才覚にちがいない。

　意外かもしれないが、都心のまっただなかの四谷や麹町、半蔵門あたりにもいにしえの気配は色濃く遺る。たとえば東京のおへそと称される四谷の地名のひとつ、四谷見附は、江戸城に外堀を設置したさい、石垣に設けられた警備用の城門を「みつけ」と呼んだ史実にちなむ。四谷界隈を散策すると不意に寺院に行き遇うのも、外堀をつくるにあたって寺院が移転してきた経緯があるからだ。そんな歴史の積層を知れば、ビルの狭間にぽっかり佇む「四谷 志乃多寿司」の昔ながらの木造の佇まいが、むしろ当たり前に思われてくる。また、「ドーカン」のある麹町は四谷見附の延長線上にあり、江戸時代は旗本屋敷の生活を支える一大商業地として栄えた。麹町の名前の通り、味噌や麹をつくるための室《むろ》が多く発見されている。

東京の東に位置する深川もまた、江戸と地続きだ。地元のひとびとに愛される「(米)深川 伊勢屋」は、東京に根づく餅菓子文化を引き継ぐと同時に、参道でおこなわれてきた餅やだんご売りの歴史も彷彿させる。あるいは、まちなみの文化的価値が再評価されるエリアのひとつ、神楽坂では、江戸の味と現代をつなぐ「御料理 山さき」山﨑美香さんの姿がある。たしかにスクラップ・アンド・ビルドは東京のお家芸だが、目に映るものは消えたと見せかけながら、土地のタマシイは地層のなかでしぶとく生き続ける。

社会に打ち込まれた太い釘の役目を果たす二軒も、ぜひ紹介しなくてはと思った。南千住「カフェ・バッハ」は全国のコーヒー愛好家から聖地とも崇められる存在だが、開店以来、労働者のまち、山谷から動かない。日一日を働いて、生きる。労働の尊さと「カフェ・バッハ」のコーヒーの風味がぴたりと重なり合うとき、「遺したい味」とは、人間が人間であることの尊厳におのずと関与していることを、私は「カフェ・バッハ」から教わった。あるいは、無数の個人商店で成り立っているわがまち西荻窪には、八十代半ばのパン職人、金原勇三郎さんが今日もひとりで「しみずや」のシャッターを開ける姿がある。生地をこね、パンを焼き、みずから手渡して売る金原さんの小さな店が両腕で支えている豊かさを、ありがたさを、このまちに暮らすひとびとはよくよく知っている。

長い歳月を縒り合わせた時間軸の上で、自分たちの立つ場所を見定めながら「遺す」。それは希望そのものなんですよ、と「遺したい味」が味覚を介して五感に訴えかけてくる。うまい、おいしいという短い感嘆のなかに滾《たぎ》っているのは、この味と場所をけっして手放してはならないというつよい思いだ。

いぜん世界を覆うコロナ禍にあって、いよいよ私たちは試されている。なにを守るのか、守りたいのか、守れるのか、遺し得るのか。

二年にわたってともに歩いてくださった姜尚美さん、土地の気配やひとの息遣いまでも見事に活写してくださった写真家キッチンミノルさんと佐伯慎亮さん、連載から書籍まで編集を担当してくださった土屋晴香さんと『なごみ』編集部にあらためて感謝申し上げます。装幀は有山達也さん、岩渕恵子さん、中本ちはるさんのお世話になりました。

末尾になりましたが、あらためて、取材にご協力くださった各位に心から感謝を申し上げます。ありがとうございました。

「これは書いておかなくちゃ、ってことがあるじゃない」と、平松洋子さんが言った

姜 尚美

「私が遺したい味、というテーマで平松洋子さんと往復書簡の連載をしませんか」

月刊誌『なごみ』編集部の土屋晴香さんからそんな依頼の連絡を受けた時、身のほど知らずもいいところだけれど、引き受けるかどうか、すごく迷った。「遺したい味」というテーマが、自分にとって荷が重いなと感じてしまったのだ。

京都生まれ京都育ちの私は、今も京都に暮らし、このまちの食の店を取材して文章を書いている。それを生業にして、もう二十数年になる。しかし私は、一年三百六十五日外食する美食家でもなければ、学問としての食文化を究めた学者でもない。好きな店を好きだと書いているだけの人間だ。そんなただの食いしん坊が「この味は遺したい、この味は遺さなくてもいい」というような、判定めいたことはできないと思った。第一、「遺したい味」を語るなら、その味を生む店にとって、私が「遺したい客」なのかも問われなければフェアじゃない。

それがどうしたことか、結局、あつかましくも二十四ヶ月にわたる連載の半分をみっちりと

書き上げ、さらにはそれを一冊に編み直したこの本のあとがきを書いている。

この連載に飛び込んでみようと思えた最初のきっかけは、長年お世話になっているデザイナーの有山達也さんの一言だった。連載の依頼を受けた直後、ちょうど東京でお会いする機会があり、近況報告する中で、この連載の話になった。「引き受けるかどうか迷っている」と吐露すると、「やってみなよ。知ってる店でいいじゃん」と言ってくださった。え、「知ってる店」でいいの？　と思った。食のライターは、面と向かって言われなくても、「新しい味」や「掘り出し物の店」を編集者から常に求められているところがある。しかし、言われてみれば、今回は「遺したい味」である。遺したいというからには、私自身がすでによく「知ってる味」でなければ成り立たない。「知ってる店」の「知ってる味」でよいなら、ライター業を終えるまでにいつか必ず書かなければと思っていた話がたくさんあった。「書き遺したい京都の話」をこの連載で書き尽くすつもりでやってみようか。京都に向かう帰りの新幹線の車中で、そんな風に思い直すことができた。有山さんには、のちにこの本の装丁をお願いすることになった。

二度目に背中を押されたのは、ほかならぬ平松洋子さんの一言である。一年限りのはずだった往復書簡が終わろうとする頃、書籍化を目指して連載を延長するという話が持ち上がった。東京で設けられたその打ち合わせの席（私のリクエストで「どぜう 飯田屋」と「カフェ・バッハ」にご案内いただいた）で、初めて平松さんにお目にかかった時のことである。事が大きくなってきたことにドキドキしていた私は、その場でも「遺したい味」という言葉の荷が重い、と訴えた。すると平松さんは、「言葉ほど大げさな意味ではない。私たちが店に行ったり食べたりすることが、すでに遺そうとする行為だと思う」「これは書いておかなくちゃ、ってことがあるじゃない」とおっしゃった。そうか、平松さんもこの連載で「書き遺したい東京の話」を書こうとされているのかと思い、その続きを読みたかったので、連載の延長を引き受けた。

　こんな経緯を長々と書くのは、「遺したい味」というテーマが、やっぱりちょっと偉そうなんじゃないかなあ、と未だに心配しているからである。それより、好きな店、好きな味の理由をだらだらと書いている方が間違えないし、楽しいし、気も楽だ。例えば、今日は無性におはぎが食べたいなあ、と思った時に、おはぎの形にこしらえたものが出てくるだけでありがたい。それだけでもありがたいところに、店の方が「せっかくだから」とおいしく食べてもらうための工夫をしている。その事実をふとした場面で知った時、不意を突かれたように愛着が湧き、胸がいっぱいになり、書き遺したくなる。その不意打ちの愛着を日本語に訳したら、「遺したい味」という言葉になるのかな。そう自分を納得させて、筆を進めた。

　今、こうして一冊の本になった状態で読み返すと、私は、いつでも買えて同じ味がするもの、手の味・火の味・水の味がするもの、舌で材料を言い当てられる程度の簡素なもの、家の食卓に並んでいてもおかしくないもの、しかし決して家では出せない味のもの。そういう味を好んでいるようである。「遺したい味とは」といった核心を突くような質問をされると、意外とふだん着の味を選んでしまうところが、ある意味、京都っぽい、かもしれない。

平松さんは、私から見ると、江戸由来の軽やかさを伝える味、明治期の開化性を感じさせる味、独自の家訓を持っている家族経営のお店がお好きなのだなと感じる。「諸国の入り込み」である江戸のたくましさ、選んでそこに住んだ人々の強い意志が生む味とでもいおうか。

京都の人は、京都からなかなか動かない。ほどよく都会で、ほどよく田舎で、見るもの、食べるもの、古いものがたくさんあるから。その上で、新しいものの到来を吟味しつつも待ち望む、ちょっぴりずるいところもある。「そうしておくものだよ」とたしなめられるのが京都なら、「こうしたらどうだろう」と言い合えるのが東京という気がする。平松さんのお手紙を拝読するたび、東京の「年季の入った新しさ」が、京都に暮らす私にはまぶしく見えた。

私が飲食店を好んで書くのは、「おいしいよ」と伝えたその人も、店に行けば、同じ味を共有できるからだ。飲食店という「場」のおかげで、私たちは、たとえその場を共にしていなくても、交わり、味を分かち合うことができる。それは大げさに言えば、同じ時代に居合わせた喜びともいえる。私たちが生きた時代の味はこんなだったね、結構、悪くはなかったね。そう言い合える、ゆるやかな連帯感への期待と鼓動が、私の遅筆を励ましてきた。

しかし、同時に思う。遺したいと思って遺せたものが、はたしてあっただろうか、と。

「遺したい味」というテーマを掲げた時点で、それは過去の遺産になりはしないか。台風の目の中にいる時に台風を認識することが難しいように、現役のただ中にあるものの価値を評価することは、同時代に生きている限り不可能だ。

　では、何もしないのか。違う。私たちには生活というものがある。自分の生活に必要なものを、自分に嘘をつかずにじわっと選んでいくことが、結局は味を遺すことになる。私がこの連載のために店を取材する時、それがたった十二軒となる時、気づけば、これまでの自分の生活に組み込まれてきた味ばかりを選んでいた。だからここに掲載された京都の十二軒は、私の生活そのものである。遺したいというよりは、失うと困るもの。自分が思う生活というものを信じていたら、自然とそばに遺っていた味。私たちの日々は、まちの味に助けてもらう必要がある。生きることに飽きたり、疲れてしまったりしないように。

　それら生活に組み込まれた味を、心の地図に点描してゆくと、そこに自ずと私の歩く道が現れる。知らず知らずのうちに選んでいる近道、車通りの少ない安全な裏道、季節で様子を変える好きな街路樹のある大通り、ただ歩くために歩く散歩道。生活に必要な店は、いつもその道の両脇にある。それは翻せば、私の人生という名の道の両脇を彩ってきた景色でもある。

　平松さんの選ぶ店を見ながら平松さんの歩く道を想像するのは、とても楽しいことだった。

そして、この本を手に取ってくださった方が、私たちと同じ道をたどり、いつしかその道をそれて、ご自分の道を歩き出す姿を想像するのも嬉しい。

遺したい味は、そのまちに暮らす人それぞれの足跡が残る、無数の道の先にある。

そのことを伝えて、今、重かった荷物をおろそうと思う。

本書が出来上がるまでには、さまざまな人の手を煩わせた。私にとって初めての長期連載となったこの二年間は、なかなかの重圧だった。特に、新型コロナの世界的流行が明らかになった二〇二〇年春以降の取材と執筆は、感染の脅威に翻弄される飲食店の方々の苦しみが骨身にしみ、精神的にも参ってしまった。その日々をふだんの生活へと引き戻してくれたのは、ほかでもない、ここに掲載した京都のお店の皆さんの働く姿と、その味である。苦境の中、私たちに食べ物を提供してくれる製造・販売・飲食関係の方たちに、まずは心から敬意を捧げたい。

苦楽を共にした『なごみ』編集部の土屋晴香さん、装丁を引き受けてくださっただけでなく連載に飛び込むきっかけをいただいた有山達也さん、この連載に注いだ思いをバトンリレーで本の形にしてくださったアリヤマデザインストアの岩渕恵子さんと中本ちはるさんにも深く感謝している。東京のざわめきが聞こえてくるようなキッチンミノルさんの写真、現場で慌ただしく動き回る私のそばで「京都の味」が自然に立ち現れる瞬間を根気よく待ち、ぽくぽくと切り取ってくださった佐伯慎亮さんの写真は、本書の大きな見どころである。

最後に、往復書簡の相手に指名してくださった、勇気ある平松洋子さんにお礼申し上げる。

東京　遺したい味と店

どぜう 飯田屋

東京都台東区西浅草3-3-2
☎ 03-3843-0881
11:30～14:00／17:00～21:00
水休（祝・浅草のもの日は前後に振替）
どぜう鍋 1,850円、
どぜう唐揚 900円

カフェ・バッハ

東京都台東区日本堤1-23-9
☎ 03-3875-2669
10:00～19:00
金休
バッハブレンド 640円、
カフェ・シュヴァルツァー 1,630円

ぽん多本家

東京都台東区上野3-23-3
☎ 03-3831-2351
11:00～14:00／16:30～20:00
月休
カツレツ 2,970円、
ヤサイサラダ 1,100円

神田まつや

東京都千代田区神田須田町1-13
☎ 03-3251-1556
平日 11:00～20:30（L.O.／20:00）
土・祝 11:00～19:30（L.O.／19:00）
日休
もりそば 770円、月見そば 990円

たぬき煎餅 本店

東京都港区麻布十番1-9-13
☎ 03-3585-0501
9:00～20:00（土・祝は18時まで）
日休（営業する場合もあり）
直焼古狸（5枚入り）810円、
たぬ吉（チーズサンド 6種15個入り）
540円

しみずや

東京都杉並区西荻北4-4-5
☎ 03-3390-6781
13:00～19:00頃（売り切れ次第、終了）
水休
たまごサンド 150円、
クリームパン 130円
＊ご店主の都合により、
　お休みの場合があります。

※212〜215頁の情報は2020年11月時点のものです。営業状況ほか詳細は
各店舗へお問い合わせください。表示されている値段はすべて税込です。

(米)深川 伊勢屋

東京都江東区富岡1-8-12
☎ 03-3641-0695
8:30〜20:00／レストラン 11:00〜20:00（L.O.／19:30）
不定休（レストランは月休）
焼だんご（みたらし）130円、
もんなか150円

御料理 山さき

東京都新宿区神楽坂4-2 福井ビル2階
☎ 03-3267-2310（完全予約制）
18:00〜22:00
月・日・祝休
相並の鍋（5月〜8月）11,000円、
ねぎま鍋（10月〜4月）11,000円

ドーカン

東京都千代田区麹町1-3-5
ミクニビル1階
☎ 03-3221-1935
11:30〜16:00（L.O.／15:30）
土・日・祝休
ポークご飯（ランチセット）1,390円、
プラムの赤ワイン煮＆フレッシュチーズ
510円

四谷 志乃多寿司

東京都新宿区四谷1-19
☎ 03-3351-1887
8:00〜18:00（ただし、第1・第3・第5火は午前のみ営業）
第2・第4火休
6個入り（稲荷ずし3個・海苔巻3個）
折詰 570円〜、フードパック 520円〜

随園別館 新宿本店

東京都新宿区新宿2-7-4
☎ 03-3351-3511
11:00〜15:00／17:00〜23:00
（金・土・日・祝は11:00〜23:00）
無休
合菜戴帽 1,430円、割包扣肉（4個）
1,650円、椒塩炸丸子 1,430円

シンスケ

東京都文京区湯島3-31-5
☎ 03-3832-0469
平日 17:00〜21:00（L.O.）
土 17:00〜20:00（L.O.）
日・祝休
本醸造酒 辛口 1合 660円、
うるめいわし 660円

京都　遺したい味と店

平野とうふ

京都市中京区姉小路通麩屋町角
☎ 075-221-1646
10:00〜18:00
日休
白豆腐 240円、
絹ごし 240円（7・8月のみ）

鳴海餅本店

京都市上京区下立売通堀川西入
西橋詰町283
☎ 075-841-3080
8:30〜17:00（イートイン席は10:00〜15:00）
不定休
赤飯200g 432円〜（進物用折箱入り300g 789円〜）、
赤飯セット（イートイン） 540円

冨美家

京都市中京区西ノ京小倉町4-12
☎ 075-821-3587
11:00〜14:30／18:00〜20:00
（水・土は11:00〜14:30、祝は11:00〜14:00、L.O.／各終了時間30分前）
日休
中華そば 550円、巻寿司 70円

上七軒ふた葉

京都市上京区今出川通七本松
西入ル真盛町719
☎ 075-461-4573
11:00〜17:00
水休（北野天満宮の天神市がある25日の場合は営業、代休あり）
けいらん 750円、うどん 530円

鶴屋寿

京都市右京区嵯峨天龍寺車道町
30-6
☎ 075-862-0860
9:00〜17:00
無休
嵐山さ久ら餅 206円（サービス箱入り6個 1,232円〜、化粧箱入り10個 2,290円〜）

進々堂 京大北門前

京都市左京区北白川追分町88
☎ 075-701-4121
8:00〜18:00（L.O.／17:45）
火休
自家製カレーライス 500円、
プチ・デジュネ 600円、
スコーンセット 650円

グリル富久屋

京都市東山区宮川筋5-341
☎ 075-561-2980
12:00〜21:00
木・第3水休
フクヤライス 930円、
ビーフコロッケ 1,130円、
メキシコサラダ1,830円

すぐきや六郎兵衛

京都市北区上賀茂神社鳥居前
☎ 075-721-6669
9:00〜18:00
無休
すぐき100g 432円〜
（新漬・時候漬ともに同価格）

一文字屋和輔

京都市北区紫野今宮町69
☎ 075-492-6852
10:00〜17:00
水休（1日・15日・祝日が水の場合は営業、翌日休。12/16〜31は畳替えのため休み）
あぶり餅 500円
（お土産は3人前1,500円〜）

ひさご寿し本店

京都市中京区河原町通四条上ル
塩屋町344
☎ 075-221-5409
9:30〜21:00（L.O.／20:30）
水休
蒸し寿し 2,035円・むしむしセット 2,446円（12〜2月のみ）、
もりあわせ 2,420円

キートス

京都市中京区壬生坊城町33-5
グランディール朱雀002
☎ 075-842-0585
10:00〜19:00
火休
じゃがパン 350円、ハパンレイパ 458円、魔女のつえ 712円、妖精のまくら 653円

イノダコーヒ三条支店

京都市中京区三条通堺町東入ル
桝屋町69
☎ 075-223-0171
10:00〜19:00
無休
コロンビアのエメラルド 600円、
チーズトースト 630円

平松洋子（ひらまつ・ようこ）
一九五八年、岡山県倉敷市生まれ。東京女子大学卒業後、国内外の各地を取材し、食文化や文芸をテーマに執筆。二〇〇六年『買えない味』でbunkamuraドゥマゴ文学賞、一二年『野蛮な読書』で講談社エッセイ賞受賞。

姜 尚美（かん・さんみ）
一九七四年、京都市生まれ。まちと味の関係に興味を持ち、書籍や雑誌で取材・執筆を行う。著書に『あんこの本』『京都の中華』、共著に『京都の迷い方』がある。

本書は月刊『なごみ』連載「東西おいしい往復書簡」（二〇一九年一月号～二〇二〇年十二月号）に加筆修正してまとめたものです。

遺したい味 わたしの東京、わたしの京都

二〇二一年一月三十日 初版発行
二〇二一年十一月二十四日 三版発行

著 者 平松洋子 姜 尚美
発行者 納屋嘉人
発行所 株式会社 淡交社
本社 〒六〇三-八五八八 京都市北区堀川通鞍馬口上ル
営業 〇七五-四三二-五一五六
編集 〇七五-四三二-五一六一
支社 〒一六二-〇〇六一 東京都新宿区市谷柳町三九-一
営業 〇三-五二六九-七九四一
編集 〇三-五二六九-一六九一
www.tankosha.co.jp

印刷・製本 シナノ書籍印刷株式会社

ISBN978-4-473-04453-2